Véroniques
KLEINE
KLASSIKER

**Spannender Mehrwert:
der neue Mengenrechner für unsere Kochbücher**

+ Mengenangaben an Personenzahl anpassen
+ Einkaufszettel fürs Smartphone erstellen
+ Rezeptsuche nach Zutaten
+ Nährwertangaben zu allen Rezepten
+ präziser Kalorienverbrauchsrechner und persönlicher Diätplaner mit Tagesplänen
+ Favoritenliste und weitere Rezeptfilter

VÉRONIQUE WITZIGMANN

Véroniques
KLEINE
KLASSIKER

*Meine Lieblingsrezepte für
Cupcakes, Muffins, Apfelkuchen,
Brownies, Cheesecakes, Cookies,
Marmorkuchen und viele weitere
süße Leckereien im Miniformat*

FOTOS: VOLKER DEBUS

Naked-Cake-Brownie mit Chai-Latte-Cremefüllung

Butterkuchen mit Toffifeestreuseln

Rote-Bete-Küchlein

Bienenstich mit Honig-Mandel-Kruste

Mohn-Tarte-Schnittchen

Coffee Cakes

Cheesecake mit Avocado

Marmorkuchen

Frankfurter Kränzchen

INHALT

Kleine Kuchen, großer Genuss
8

SCHNELL, EINFACH, GUT
Locker aus der Hüfte
11

EINFACH MAL GEHEN LASSEN
Hefeteig kann jeder
39

BACKZEIT
Gut Ding will Weile haben
59

KUCHENPARTY
Süßes fürs Buffet
107

MITBRINGSEL TO GO
Geschenke aus dem Ofen
139

EINES GEHT NOCH!
Widerstand zwecklos
163

Mein kleines 1x1 des Backens
193

Dank
200

Zutatenregister
202

Rezeptregister
206

Bezugsquellen
207

Bananenküchlein mit Curry

Erdnuss-Cookies

No-bake New York Cheesecakes

VÉRONIQUE
Witzigmann

Véronique Witzigmann wurde 1970 in Washington, D. C. geboren. Heute wohnt die Tochter von Eckart Witzigmann, Deutschlands erstem Drei-Sterne-Koch, mit ihrer Familie in München. Die Unternehmerin gilt nicht nur in Gastronomiekreisen als Expertin für Süßes.

2005 gründete Véronique Witzigmann ihr Label für Feinkostprodukte mit der Herstellung und dem Vertrieb von Fruchtaufstrichen und Chutneys. Seitdem erweitert sie kontinuierlich ihr Geschäftsfeld im Süßspeisenbereich. Dazu zählt etwa ein Cateringservice für Veranstaltungen und Restaurants.

Ihre Erfahrungen im Bereich des sogenannten Frontalkochens lässt Véronique Witzigmann in ihre Backworkshops auf Messen oder bei Live-Shows einfließen, aber auch in Kochsendungen im Internet und im TV, wo sie beispielsweise bei ZDF, WDR, MDR und ORF ein gern gesehener Gast ist.

Zudem gibt Véronique Witzigmann ihr Fachwissen als Autorin von Kochbüchern zur süßen Küche weiter – prämiert zum Teil mit der Silbermedaille der Gastronomischen Akademie Deutschlands, kurz GAD.

In ihrem neuen Buch „Véroniques kleine Klassiker" widmet sich die ehemalige Eventmanagerin dem Backen im Pocket-Format, was für sie mehr ist als nur ein Trend. Seit ihrer Kindheit experimentiert sie mit dem Herstellen von Minigebäck, das perfekt in unsere heutige Zeit passt. Ernährungsbewusst naschen, ohne auf den Genuss zu verzichten – das ist die moderne Art zu backen.

Backen ist gelebte Tradition und ein wichtiger Bestandteil unserer Esskultur. Das betont Véronique Witzigmann, Patchwork-Mutter zweier Töchter, stets in ihren kulinarischen Sach- und Kinderbüchern und auch in ihrer Funktion als Schirmherrin der karitativen Initiative „Spitzenköche für Afrika".

KLEINE KUCHEN,
großer Genuss

Große Dinge entstehen oft im Kleinen. So wie damals in meinem Kinderbackofen. Der funktionierte wie der in unserer Küche zu Hause und war mein größter Schatz. Ihm verdanke ich die Idee für das vorliegende Buch, eine Liebeserklärung ans Backen im Miniformat.

Bevor meine Begeisterung für Kuchen, Kekse und Co. eine Erfolgsgeschichte werden konnte, musste ich jedoch erst mal eine Niederlage verdauen. Mein erstes Kocherlebnis mit dem elektrischen Puppenofen war nämlich ein Rohrkrepierer. Begeistert briet ich auf der integrierten Herdplatte ein Naturschnitzel von der Größe einer Briefmarke – minutenlang. Am Ende war es zäh wie Leder. Über diese Enttäuschung konnte mich auch nicht die Gratis-Leberkässemmel des Metzgers hinwegtrösten. Bei dem beschwerte ich mich nachträglich über das „trockene" Kalbfleisch, das ich von meinem Taschengeld gekauft hatte – für 90 Pfennig!

Dafür war die nächste Investition ein Volltreffer: Mein erstes Käseküchlein, frisch vom Ofenblech, war eine Sensation. Rezept frei Schnauze, versteht sich. Schließlich hatte ich bis dahin schon öfter meiner Oma Maria und meiner Tante Steffi beim Backen helfen dürfen. Doch erst diese Kreation aus dem Miniofen war die Initialzündung für meine Backleidenschaft, die mich über Umwege zu der gemacht hat, die ich heute bin: Véronique Witzigmann, Expertin für Süßes.

Als Naschkatze hat dieser Beruf für mich einen entscheidenden Vorteil: Es ist immer etwas Selbstgebackenes da, wenn der kleine Süßhunger zu Besuch kommt. Spätestens am Nachmittag zum Kaffee klopft er an und sagt: „Hallo, Veron. Kann ich einen Kuchen haben? BITTE!" Klar kann er, allerdings nur einen Snack. Sonst wächst sich der Naschkatzenvorteil zum Naschkatzennachteil aus. Was aber passiert mit dem Rest des großen Kuchenstücks oder halben Süßgebäcks, das bei aller Liebe nicht mehr reingeht?

Beim Blick auf meinen alten Kinderbackofen, der in meiner Versuchsküche einen Ehrenplatz hat, hatte ich dann die Eingebung – Kuchen im Miniformat! Diese Teilchen haben die ideale Größe für unsere aktuellen Essgewohnheiten in einer Zeit, in der es mehr und mehr Single- und Zweipersonenhaushalte gibt. Durch die kleinen Portionen kann jeder selbst entscheiden, wie viele meiner Karottenküchlein mit salzigen Gewürzstreuseln beispielsweise er naschen mag. Die anderen bleiben bis zum nächsten Tag frisch oder eignen sich als Mitbringsel für jeden Anlass.

Ursprünglich hatte dieses Buch den Arbeitstitel „Bäck to the future". Da es gewissermaßen eine Zeitreise in die Vergangenheit des süßen Backens sowie gleichermaßen in die Zukunft ist. Sie werden darin Rezeptanleihen finden, die schon Ihre Großmutter als Kind geliebt hat – Marmorkuchen oder Zimtschnecken beispielsweise –, aber auch moderne Eigenkreationen wie Topfenstrudelstangen mit Beerendip oder falscher Baumkuchen mit Matcha-Glasur.

Der finale Buchtitel gefällt mir übrigens noch besser. Letztlich sind die 70 Lieblingsrezepte für Cupcakes, Muffins, Cookies und viele weitere Leckereien für mich jetzt schon kleine Klassiker.

PS: Für diese Klassiker und Trendcakes im Pocket-Format brauchen Sie keinen Kinderbackofen. Ein herkömmliches Backrohr reicht völlig.

♥-lichst
Veronique Witzigmann

SCHNELL, EINFACH, GUT
Locker aus der Hüfte

Manchmal muss man beherzt handeln. Bei einer Süßhungerattacke etwa oder einem Überraschungsbesuch. Mit meinen Erste-Hilfe-Küchlein sind Sie für jede Situation bestens aufgestellt. Die Zutaten für die simplen Rezepte mit Wow-Effekt hat man eigentlich immer parat.

RHABARBERTARTE-
Doppeldecker

**Zubereitungszeit ca. 40 Minuten
plus 15 Minuten Backzeit**

Ergibt 9 Stück

Für die Creme
70 g weiße Kuvertüre, klein gehackt
200 g Mascarpone
1 TL Limettensaft
Abrieb von ¼ Biolimette

Für die Füllung
600 g Rhabarber
3–4 EL Zucker
1 Spritzer Zitronensaft
3–4 Msp. Biozitronenabrieb

Für den Teig
50 g weiche Butter plus
    Butter zum Einfetten
70 g Zucker
1 Rolle Blätterteig (275 g; Fertig-
    produkt aus dem Kühlregal)
1 Ei (Größe M)
1 TL Sahne

Außerdem
Spritzbeutel mit 8-mm-Lochtülle

Für die Creme die **Kuvertüre** in eine hitzebeständige Schüssel geben und im Wasserbad (Temperatur unter dem Siedepunkt halten) schmelzen. Vom Wasserbad nehmen und lippenwarm abkühlen lassen. ❖ Den **Mascarpone** in eine andere Schüssel geben und mit **Limettensaft** und **-abrieb** verrühren. Dann die noch warme Kuvertüre unter die Mascarpone-Mischung heben. Die Creme in den Spritzbeutel mit Lochtülle füllen und bis zur Verwendung im Kühlschrank kalt stellen. ❖ Den Backofen auf 180 °C Ober-/Unterhitze vorheizen. ❖ Für die Füllung den **Rhabarber** waschen, mit einem Sparschäler schälen und in 6,5 cm lange und 5 mm dünne Stücke schneiden. In eine Schüssel geben, **Zucker, Zitronensaft** und **-abrieb** zugeben, vermengen und marinieren. ❖ Für den Teig die **Butter** in einem kleinen Topf zerlassen. Ein Backblech mit etwas **Butter** ausstreichen und mit 40 g **Zucker** ausstreuen. ❖ Den **Blätterteig** entrollen, mit einer Gabel mehrmals einstechen und in 18 Quadrate (à circa 6,5 × 6,5 cm) schneiden. Je etwa vier Rhabarberstücke als 18 quadratische Portionen (à circa 6,5 × 6,5 cm) direkt auf den gezuckerten Backblechboden legen und mit den Teigquadraten bedecken. ❖ Das **Ei** mit der **Sahne** verquirlen, die Teigoberflächen dünn damit bestreichen und mit dem restlichen **Zucker** bestreuen. Im vorgeheizten Ofen 15 Minuten goldbraun backen. ❖ Herausnehmen, die Blätterteig-Rhabarber-Stücke vorsichtig vom Blech nehmen und zum Abkühlen mit der Fruchtseite nach oben auf ein Kuchengitter setzen. ❖ Die Mascarpone-Creme auf die Hälfte der Blätterteig-Rhabarber-Stücke spritzen. Die restlichen Stücke umgedreht auflegen, sodass neun Doppeldecker entstehen. Frisch genießen.

No-bake New York
CHEESECAKES

Zubereitungszeit ca. 20 Minuten plus 3 Stunden Gefrierzeit und ca. 60 Minuten Auftauzeit

Ergibt 6 Stück
Für die Böden
80 g weiche Butter
250 g Shortbreads
20 g brauner Zucker
1 Prise Salz
½ TL gemahlener Zimt
Für die Creme
380 g Doppelrahmfrischkäse
60 g Puderzucker
110 g saure Sahne
2 Msp. Vanillemark
½ TL Biolimettenabrieb
Für die Deko
nach Belieben (z. B. Beeren und selbst hergestellte Schokoladenverzierungen, siehe Tipp; alternativ Fertigprodukt)
Außerdem
Einwegspritzbeutel
2 Silikon-Donutformen mit je 6 Mulden (à ca. Ø 7,5 cm, siehe Seite 207)

Für die Böden die **Butter** in einen Topf geben und schmelzen. ❖ Die **Shortbreads** in einen Gefrierbeutel füllen, verschließen und mit einem Nudelholz sehr fein zermahlen. **Zucker, Salz** und **Zimt** in einer Schüssel mit den Shortbread-Bröseln vermischen, mit der flüssigen Butter beträufeln und alles gut vermengen. ❖ Die Shortbread-Masse auf die sechs Mulden einer der Donutformen verteilen und gleichmäßig in die Mulden drücken. ❖ Für die Creme **Frischkäse, Puderzucker, saure Sahne** und **Vanillemark** in eine Schüssel geben und mit dem Handmixer zu einer glatten Masse rühren. Dann den **Limettenabrieb** einarbeiten. In den Einwegspritzbeutel füllen, die Spitze etwa 1 cm breit abschneiden, die Creme in die sechs Mulden der zweiten Donutform spritzen und mit einem Palettenmesser glatt streichen. Beide Donutformen 3 Stunden ins Gefrierfach stellen. ❖ Die Formen aus dem Gefrierfach nehmen und Böden und Cremes vorsichtig aus den Mulden drücken. Die Short-bread-Donuts mit den Rundungen nach unten auf ein Kuchengitter setzen, je einen Creme-Donut auf die Shortbread-Donuts setzen und etwa 60 Minuten auftauen lassen. ❖ Zum Servieren nach Belieben dekorieren.

❖❖❖

TIPP Ich liebe diese klassische Variante. Schön fruchtig und farbig wird es, wenn etwas weniger Shortbread-Füllung in die Formen gegeben wird, sodass Platz für eine dünne Fruchtschicht bleibt, zum Beispiel aus Himbeergelee. Schokoladenverzierungen können Sie herstellen, indem Sie geschmolzene Kuvertüre in dünnen Linien zu Blumen oder anderen Formen auf Backpapier spritzen und im Kühlschrank fest werden lassen.

Schnell, einfach, gut · Locker aus der Hüfte **15**

PFIRSICH-KÜCHLEIN
mit Yuzu

Bei diesen erfrischend-fruchtigen Minikuchen musste ich an den sonntäglichen Gugelhupf meiner Kindheit denken. Meine Mutter hat darin oft Früchte der Saison wie etwa Kirschen mitgebacken.

Zubereitungszeit ca. 30 Minuten plus 15 Minuten Backzeit

Ergibt 3 Küchlein

60 g weiche Butter plus
    Butter zum Einfetten
70 g Weizenmehl (Type 405)
25 g Vanillepuddingpulver
½ TL Backpulver
1 Prise Salz
1 kleiner Pfirsich (50 g)
1 Spritzer Zitronensaft
15 g Kokosblütenzucker
35 g Zucker
2 zimmerwarme Eier (Größe M)
2 TL getrocknete Yuzuschale grob
    (siehe Seite 207)
Puderzucker zum Bestäuben

Außerdem

3 kleine Gugelhupfformen
    (Ø 10,5 cm, 5 cm Höhe)

Den Backofen auf 180 °C Umluft vorheizen. Die Gugelhupfformen mit **Butter** ausstreichen. ❖ **Mehl, Puddingpulver, Backpulver** und **Salz** in einer Schüssel vermengen. ❖ Den **Pfirsich** halbieren, entsteinen, die Haut abziehen und das Fruchtfleisch in kleine Würfel schneiden. In eine kleine Schüssel geben, den **Zitronensaft** darüberträufeln und vermischen. ❖ Die weiche **Butter** mit beiden **Zuckersorten** in eine andere Schüssel geben und mit dem Handmixer schaumig rühren. Nach und nach die **Eier** einarbeiten. Dann die Mehlmischung einrühren und zuletzt Pfirsich- und **Yuzustücke** unterheben. ❖ Den Teig gleichmäßig in die vorbereiteten Formen füllen. In den vorgeheizten Ofen geben und 15 Minuten backen. ❖ Herausnehmen und in den Formen auf einem Kuchengitter auskühlen lassen. Dann die Pfirsichküchlein aus den Formen stürzen und mit **Puderzucker** bestäuben.

❖❖❖

TIPP   Das ist einer meiner Favoriten im Sommer. Ich gebe meistens noch einen dicken Kleks griechischen Naturjoghurt und frische Minzeblättchen auf die Küchlein. Yuzu kommt aus dem asiatischen Raum und gehört zur Familie der Zitrusfrüchte. Die Frucht ist im Geschmack der Satsuma ähnlich.

HAFERKEKS-CRUMBLES
mit Rhabarber und Blaubeeren

Zubereitungszeit ca. 20 Minuten plus 45 Minuten Kühlzeit und ca. 20 Minuten Backzeit

Ergibt 2 Crumbles
Für die Streusel
50 g kalte Butter
50 g Haferflockenkekse
70 g brauner Zucker
30 g Weizenmehl (Type 405)
½ TL gemahlener Zimt
¼ TL Biozitronenabrieb
Für die Früchte
150 g Blaubeeren
200 g Rhabarber
1 EL Zucker
Außerdem
2 Auflaufförmchen (ca. 300 ml Inhalt) oder Sturzgläser

Für die Streusel die **Butter** in Stückchen schneiden. Die **Haferflockenkekse** klein in eine Schüssel bröseln. Butter, **braunen Zucker, Mehl, Zimt** und **Zitronenabrieb** zu den Bröseln geben und alles mit den Fingern zu dicken Streuseln verarbeiten. 45 Minuten in den Kühlschrank stellen. ❖ Inzwischen den Backofen auf 180 °C Ober-/Unterhitze vorheizen. ❖ Für die Früchte die **Blaubeeren** verlesen, waschen und abtropfen lassen. Den **Rhabarber** waschen, schälen und in etwa 1,5 cm dicke Stücke schneiden. Dann zusammen mit den Blaubeeren in eine Schüssel geben, den **Zucker** darüberstreuen und vermengen. ❖ Die Früchte auf die Auflaufförmchen oder Sturzgläser verteilen, die Streusel dick darüberstreuen und im vorgeheizten Ofen etwa 20 Minuten goldbraun backen. ❖ Herausnehmen und abkühlen lassen. Die Crumbles nach Belieben noch warm oder kalt servieren.

TIPP Haferkekse sind super, da sind sich meine Töchter einig. Aus einer Laune heraus entstand dieses unkomplizierte Rezept. Mit Blaubeeren und Rhabarber erinnert der Crumble an einen Nachtisch, der bei einer Mittsommernachtsparty der Hit ist. Vanilleeiscreme schmeckt übrigens köstlich dazu.

Schnell, einfach, gut • Locker aus der Hüfte

POPOVERS
3 Variationen

**Zubereitungszeit 15 Minuten
plus 24 Stunden Aromatisieren
und 30 Minuten Backen**

Ergibt 6 Stück
Für den Zitronen-Vanillezucker
½ Vanillestange
1–2 EL Zucker
2 Msp. Biozitronenabrieb
Für den Teig
3 TL Rapsöl oder Sonnenblumenöl
   plus Öl zum Einfetten
20 g Butter
2 zimmerwarme Eier (Größe M)
250 ml zimmerwarme Milch
¼ TL Salz
120 g Weizenmehl (Type 405)
Für das Topping
zerlassene Butter zum Bestreichen
   (nach Belieben)
Außerdem
Popover-Backform mit 6 Mulden
   (siehe Seite 207; alternativ ein
   Muffinblech verwenden)

Popovers Natur Am Vortag für den Zitronen-Vanillezucker die **Vanille-stange** längs aufschlitzen und das Mark herauskratzen. Vanillemark, ausgekratzte Vanillestange, **Zucker** und **Zitronenabrieb** mischen, in ein Glas mit Schraubverschluss füllen, gut verschließen und 24 Stunden aromatisieren lassen. ❖ Am Tag der Zubereitung den Backofen auf 220 °C Ober-/Unterhitze vorheizen. Die Mulden der Popover-Form mit **Öl** einfetten. ❖ Für den Teig die **Butter** zerlassen und abkühlen lassen. **Eier, Milch, Salz** und 1 EL Zitronen-Vanillezucker in eine Schüssel geben und mit dem Schneebesen verrühren. Das **Mehl** zugeben und alles zügig zu einem glatten Teig rühren. Zum Schluss die zerlassene Butter ein-arbeiten. ❖ Auf den Boden jeder Mulde der vorbereiteten Popover-Form zusätzlich ½ TL **Öl** geben und die Backform 5 Minuten auf die unterste Schiene in den vorgeheizten Ofen stellen. ❖ Die heiße (Vorsicht!) Back-form aus dem Ofen nehmen und die Mulden zu etwa zwei Dritteln mit Teig füllen. Die heiße Form wieder in den Ofen stellen und 10 Minuten backen. Dann die Temperatur auf 180 °C herunterregeln und weitere 20 Minuten backen – die Ofentür während der Backzeit nicht öffnen, sonst fallen die Popovers in sich zusammen. ❖ Herausnehmen, die Popovers noch heiß aus den Mulden heben und auf einem Kuchengitter abkühlen lassen. ❖ Für das Topping nach Belieben die runden Köpfchen der Popovers mit zerlassener **Butter** bestreichen, mit dem restlichen Zitronen-Vanillezucker bestreuen und lauwarm servieren.

**Zubereitungszeit 15 Minuten
plus 30 Minuten Backzeit**

Ergibt 6 Stück
Für den Teig
3 TL Kokosöl, zusätzlich Kokosöl
   zum Einfetten
20 g Butter
2 zimmerwarme Eier (Größe L)

Kokos-Popovers Den Backofen auf 220 °C Umluft vorheizen. Die Mul-den der Popover-Form mit **Kokosöl** einfetten. ❖ Für den Teig die **Butter** zerlassen und abkühlen lassen. **Eier, Zucker, Zimt, Kokosmilch, Milch** und **Salz** in eine Schüssel geben und mit dem Schneebesen verrühren. Das **Mehl** zugeben und alles zügig zu einem glatten Teig rühren. Zum Schluss die zerlassene Butter einarbeiten. ❖ Auf den Boden jeder Mulde der vorbereiteten Popover-Form zusätzlich ½ TL **Kokosöl** geben und die

FORTSETZUNG auf der nächsten Seite.

20 Schnell, einfach, gut · Locker aus der Hüfte

Als ich die Popovers zum ersten Mal gebacken habe, gab's große Augen vor dem Backofen, denn während der Backzeit plustern sich die Portiönchen ganz groß auf und wenn man sie dann aus dem Ofen holt, ziehen sie sich schnell wieder zusammen. Die Popovers sind eine Abwandlung des englischen Yorkshire Puddings.

Mit diesem Gebäck wird unser Frühstück zum Fest! Es ist schnell gemacht und schmeckt mit Marmelade und Schokoaufstrich unglaublich gut!

FORTSETZUNG

1–2 EL Zucker
½ TL gemahlener Zimt
80 ml cremige Kokosmilch
170 ml fettarme Milch
¼ TL Salz
120 g Weizenmehl (Type 405)
Für das Topping
1–2 EL Puderzucker
½ TL Bourbon-Vanillezucker
Kokosraspel zum Bestreuen
    (nach Belieben)
Außerdem
Popover-Backform mit 6 Mulden
    (siehe Seite 207; alternativ ein
    Muffinblech verwenden)

Backform 5 Minuten auf die unterste Schiene in den vorgeheizten Ofen stellen. ❖ Die heiße (Vorsicht!) Backform aus dem Ofen nehmen und die Mulden zu etwa zwei Dritteln mit Teig füllen. Die heiße Form wieder in den Ofen stellen und 10 Minuten backen. Dann die Temperatur auf 180 °C herunterregeln und weitere 20 Minuten backen – die Ofentür während der Backzeit nicht öffnen, sonst fallen die Popovers in sich zusammen. ❖ Herausnehmen, die Popovers noch heiß aus den Mulden heben und auf einem Kuchengitter abkühlen lassen. ❖ Für das Topping den **Puderzucker** mit dem **Vanillezucker** mischen und die Popovers noch lauwarm mit der Puderzuckermischung bestäuben. Nach Belieben mit **Kokosraspeln** bestreuen und ganz frisch genießen.

Zubereitungszeit 15 Minuten plus 30 Minuten Backzeit

Ergibt 6 Stück
Für den Teig
3 TL Rapsöl oder Sonnenblumenöl
    plus Öl zum Einfetten
20 g Butter
½ Vanillestange
2 zimmerwarme Eier (Größe M)
4 EL Zucker
250 ml zimmerwarme Milch
¼ TL Salz
120 g Weizenmehl (Type 405)
1 EL ungesüßtes Kakaopulver
    (Poudre de Cacao, siehe
    Seite 207)
2 TL Zucker
3 EL Milch
Für das Topping
Puderzucker zum Bestreuen
    (nach Belieben)
Außerdem
Popover-Backform mit 6 Mulden
    (siehe Seite 207; alternativ ein
    Muffinblech verwenden)

Marmorierte Popovers Den Backofen auf 220 °C Ober-/Unterhitze vorheizen. Die Mulden der Popover-Form mit **Öl** einfetten. ❖ Für den Teig die **Butter** zerlassen und abkühlen lassen. Die **Vanillestange** längs aufschlitzen und das Mark herauskratzen. Vanillemark, **Eier, Zucker, Milch** und **Salz** in eine Schüssel geben und kurz mit dem Schneebesen verrühren. Das **Mehl** zugeben und alles zügig zu einem glatten Teig rühren. Zum Schluss die zerlassene Butter einarbeiten. ❖ Auf den Boden jeder Mulde der vorbereiteten Popover-Form zusätzlich ½ TL **Öl** geben und die Backform 5 Minuten auf die unterste Schiene in den vorgeheizten Ofen stellen. ❖ Inzwischen das **Kakaopulver** mit **Zucker** und **Milch** anrühren. ❖ Die heiße (Vorsicht!) Backform aus dem Ofen nehmen und die Mulden etwa zur Hälfte mit Teig füllen. In den übrigen Teig schnell das angerührte Kakaopulver einarbeiten und auf den hellen Teig geben, sodass die Mulden zu zwei Dritteln gefüllt sind. Die heiße Form wieder in den Ofen stellen und 10 Minuten backen. Dann die Temperatur auf 180 °C herunterregeln und weitere 20 Minuten backen – die Ofentür während der Backzeit nicht öffnen, sonst fallen die Popovers in sich zusammen. ❖ Herausnehmen, die Popovers noch heiß aus den Mulden heben und auf einem Kuchengitter abkühlen lassen. ❖ Für das Topping nach Belieben die Popovers mit **Puderzucker** bestreuen und lauwarm servieren.

Schnell, einfach, gut · Locker aus der Hüfte **23**

Gefüllte PAILLES

Meine Tochter bekam zum 18. Geburtstag ein Wochenende in Paris geschenkt. Beim Bummeln durch die Stadt haben wir diese knusprige Köstlichkeit entdeckt, die es dort an jeder Straßenecke gibt.

Zubereitungszeit 30 Minuten plus 30 Minuten Gefrierzeit und ca. 18 Minuten Backzeit

Ergibt 6–8 Pailles
Für den Teig
20 g Bourbon-Vanillezucker
100 g Puderzucker
3 Rollen Blätterteig (à 275 g; Fertigprodukt aus dem Kühlregal)
Für die Füllung
ca. 200 g Himbeerfruchtaufstrich
Außerdem
2 Backbleche (à 42 × 30 cm)

Für den Teig den **Vanillezucker** mit dem **Puderzucker** in einer Schüssel mischen. ❖ Eine **Blätterteigrolle** auf der Arbeitsfläche entrollen und die ganze Teigfläche mit Puderzuckermischung bestäuben. Die zweite **Teigplatte** darauflegen und die ganze Fläche ebenfalls mit Puderzuckermischung bestäuben. Darauf die dritte **Teigplatte** legen und wieder mit Puderzuckermischung bestäuben. Die Teigplatten auf die Hälfte falten und mit Puderzuckermischung bestäuben. Diesen Vorgang noch zweimal wiederholen. Das Teigstück in Backpapier einschlagen und 30 Minuten ins Gefrierfach stellen. ❖ Den Backofen auf 180 °C Ober-/Unterhitze vorheizen. Die Backbleche mit Backpapier auslegen. ❖ Das gekühlte Teigstück in 4–5 mm dünne Scheiben schneiden, mit etwas Abstand nebeneinander auf die vorbereiteten Backbleche legen und nochmals mit Puderzuckermischung bestäuben. Mit Backpapier bedecken und ein zweites passendes Backblech direkt auf das Gebäck setzen. In den vorgeheizten Ofen schieben und circa 15 Minuten backen. ❖ Dann das obere Blech und das Backpapier entfernen und etwa weitere 3 Minuten goldbraun backen – Achtung, diesen letzten Backvorgang beobachten, damit die Pailles nicht zu dunkel werden! ❖ Herausnehmen, die Pailles an den Stellen, wo sie eventuell zusammengebacken sind, vorsichtig mit einem Messer trennen und auf dem Backblech etwas abkühlen lassen. ❖ Für die Füllung die Hälfte der noch lauwarmen Pailles mit 1 EL **Fruchtaufstrich** bestreichen und die restlichen Stücke darauflegen. Die gefüllten Pailles am besten frisch genießen.

TIPP Für die Minivariante 10 g Vanillezucker, 50 g Puderzucker, 1 Rolle Blätterteig und etwa 100 g Himbeerfruchtaufstrich sowie ein Backblech verwenden. Ansonsten wie in der Anleitung links vorgehen und backen. Nach Belieben die gefüllten Minipailles mit Puderzucker und Kakaopulver bestreuen.

TIPP Die zweite Teigkugel entweder für die Flammkuchen mit Quitte-Spekulatius nach Calzone-Art (siehe Rezept Seite 28) verwenden oder noch vor dem Gehenlassen auf Vorrat einfrieren. Das übrig bleibende Pesto hält sich im Kühlschrank noch etwa 3 Tage. Es schmeckt auch sehr fein als Topping zu Vanilleeiscreme.

FLAMMKUCHEN
mit Apfel und süßem Basilikumpesto

Zubereitungszeit ca. 30 Minuten plus 2 Stunden Ruhezeit und 5–8 Minuten Backzeit

Ergibt 4 kleine Flammkuchen
Für den Teig
150 g Wiener-Griessler-Mehl plus
    Mehl zum Bestäuben
    (siehe Seite 207)
1 Prise Salz
ca. ¼ Würfel frische Hefe (9 g)
½ EL Rapsöl oder Sonnenblumenöl
Für das Basilikumpesto
1 Bund frisches Basilikum
2 Msp. Vanillemark
40 g gemahlene blanchierte
    Mandelkerne
3 EL Zitronensaft
80–100 ml Rapsöl oder
    Sonnenblumenöl
2–3 TL Blütenhonig
etwas Biozitronenabrieb
Für den Belag
30 g Pinienkerne
½ Vanillestange
80 g Schmand
3–5 EL Zucker
Saft und Abrieb von ½ Biozitrone
1 saftiger, leicht säuerlicher Bio-
    apfel (z. B. Jonagold oder Topaz)
1 EL Blütenhonig
Außerdem
Küchenbunsenbrenner

Für den Teig **Mehl** und **Salz** in einer Schüssel vermischen und die **Hefe** darüberkrümeln. **Öl** und 90 ml handwarmes Wasser zugießen und alles mit den Händen etwa 5 Minuten zu einem geschmeidigen Teig verkneten. ❖ Den Hefeteig halbieren, zu Kugeln formen, in eine mit **Mehl** bestäubte Schüssel legen und mit einem feuchten Geschirrtuch abdecken. An einem warmen Ort etwa 2 Stunden ruhen lassen. ❖ In der Zwischenzeit für das Pesto das **Basilikum** abbrausen, trocken tupfen und die Blätter von den Stängeln zupfen. Die Basilikumblätter mit **Vanillemark, gemahlenen Mandeln** und **Zitronensaft** in einen hohen Mixbecher geben. Mit dem Stabmixer fein pürieren und dabei das **Öl** in einem dünnen Strahl einlaufen lassen. Zuletzt **Honig** und **Zitronenabrieb** einarbeiten. ❖ Für den Belag die **Pinienkerne** in einer Pfanne ohne Fettzugabe goldfarben anrösten und beiseitestellen. ❖ Die **Vanillestange** längs aufschlitzen und das Mark auskratzen. Vanillemark, **Schmand,** 1–2 EL **Zucker, Zitronensaft** und **-abrieb** in einer Schüssel vermengen. ❖ Den **Apfel** waschen, das Kerngehäuse ausstechen und den ganzen Apfel mit einem Hobel quer in hauchdünne Scheiben hobeln. ❖ Den Backofen auf 250 °C Ober-/Unterhitze vorheizen. Ein Backblech mit Backpapier auslegen. ❖ Eine Teigkugel (zweite Teigkugel siehe Tipp) sehr dünn ausrollen, vier Kreise (à circa Ø 12 cm) ausstechen und auf das vorbereitete Backblech legen. Den **Honig** in dünnen Linien über die Teigkreise ziehen und darauf die Schmandcreme großzügig verstreichen. Die Apfelscheiben fächerförmig eng darauflegen und im vorgeheizten Ofen 5–8 Minuten goldgelb backen ❖ Herausnehmen, die Flammkuchen mit dem restlichen **Zucker** bestreuen und mit einem Küchenbunsenbrenner karamellisieren. Mit den Pinienkernen bestreuen und mit dünnen Linien oder kleinen Klecksen Basilikumpesto überziehen.

Schnell, einfach, gut · Locker aus der Hüfte **27**

FLAMMKUCHEN
mit Quitte und Spekulatius nach Calzone-Art

Zubereitungszeit ca. 30 Minuten plus 2 Stunden Ruhezeit und 5–8 Minuten Backzeit

Ergibt 2 Flammkuchen
Für den Teig
150 g Wiener-Griessler-Mehl plus Mehl zum Bestäuben (siehe Seite 207)
1 Prise Salz
ca. ¼ Würfel frische Hefe (9 g)
½ EL Rapsöl oder Sonnenblumenöl
Für die Füllung
1–2 Quitten (ca. 300 g)
20 g Butter
60 g brauner Zucker
Saft von ½ Zitrone
30 ml Apfelsaft
2 Gewürznelken
½ Zimtstange
Für die Creme
50 g saure Sahne
20 g Crème fraîche
½ Pck. Bourbon-Vanillezucker
1 EL Zucker
etwas Biozitronenabrieb
10 g Gewürzspekulatius

Für den Teig **Mehl** und **Salz** in einer Schüssel vermischen und darüber die **Hefe** zerkrümeln. **Öl** und 90 ml handwarmes Wasser zugießen und alles mit den Händen etwa 5 Minuten zu einem geschmeidigen Teig verkneten. ❖ Den Hefeteig halbieren, zu Kugeln formen, in eine mit **Mehl** bestäubte Schüssel legen und mit einem feuchten Geschirrtuch abdecken. An einem warmen Ort etwa 2 Stunden ruhen lassen. ❖ Für die Füllung die **Quitten** schälen, vierteln, entkernen und klein würfeln. Die **Butter** in einem Topf zerlassen, die Quittenwürfel zugeben und bei mittlerer Hitze kurz darin anbraten. Mit dem **Zucker** bestreuen und köcheln lassen, bis sich der Zucker aufgelöst hat. Dann **Zitronensaft** und **Apfelsaft** zugießen, die **Gewürze** hinzufügen und bei kleiner Hitze 5–8 Minuten garen. Vom Herd nehmen. ❖ Für die Creme **saure Sahne, Crème fraîche, Vanillezucker, Zucker** und **Zitronenabrieb** in eine Schüssel geben und vermengen. Den **Spekulatius** grob hacken. ❖ Den Backofen auf 250 °C Ober-/Unterhitze gut vorheizen. Ein Backblech mit

FORTSETZUNG auf der nächsten Seite.

Die Idee für diese süßen, zusammengeklappten Flammküchlein kam mir beim Pizzabacken mit Freunden im Burgenland. Dort lernte ich auch das Rezept für diesen genialen Hefeteig kennen. Seitdem habe ich davon immer etwas im Gefrierfach auf Vorrat.

FORTSETZUNG

Für das Topping
Puderzucker zum Bestäuben (nach Belieben; alternativ Schokoladen-Rum-Sauce zum Beträufeln (Fertigprodukt))

Backpapier auslegen. ❖ Eine Teigkugel (zweite Teigkugel siehe Tipp) sehr dünn ausrollen, einen Kreis (Ø 15 cm) ausstechen und auf das vorbereitete Backblech legen. Die Teigreste verkneten, einen zweiten 15 cm großen Kreis ausstechen und ebenfalls auf das Blech legen. ❖ Auf die Teigkreise mittig etwa 1 EL Creme geben, darauf circa 1 EL Quittenwürfel setzen und mit den Spekulatiusbröseln bestreuen. Die Teigkreise mittig zusammenschlagen und den Rand rundum gut andrücken. Im vorgeheizten Ofen 5–8 Minuten goldgelb backen. ❖ Herausnehmen, für das Topping nach Belieben mit **Puderzucker** bestäuben oder mit **Schokoladen-Rum-Sauce** beträufeln und warm genießen.

TIPP Die übrig bleibenden Quittenwürfel in ein Glas füllen und im Kühlschrank bis zu 4 Tage aufbewahren. Sie können gut als Topping über Müsli gegeben oder zu Joghurt gegessen werden. Die zweite Teigkugel entweder für den Flammkuchen mit Apfel und süßem Basilikumpesto (siehe Rezept Seite 27) verwenden oder noch vor dem Gehenlassen auf Vorrat einfrieren.

Schnell, einfach, gut • Locker aus der Hüfte

Glasierte
SCHOKO-BIER-KÜCHLEIN

Zubereitungszeit ca. 30 Minuten plus ca. 20 Minuten Backzeit

Ergibt 10 Küchlein
Für den Teig
125 g Butter plus Butter
  zum Einfetten
140 g Weizenmehl (Type 405)
40 g dunkles ungesüßtes Kakaopulver (Poudre de Cacao, siehe
  Seite 207)
100 g Zucker
50 g brauner Zucker
¼ TL Backpulver
1 TL Natron
1 Msp. gemahlener Zimt
1 Prise Cayennepfeffer
125 ml dunkles Bier
1 Ei (Größe M)
80 g Schmand
Für die Glasur
100 g Holunder-Zwetschgen-
  Gelee (Fertigprodukt; alternativ
  Holundergelee)
100 g Zartbitterkuvertüre
Außerdem
10 Jenaer Glas Eierkoch No. 2
  (Ø ca. 9 cm, siehe Seite 207)

Den Backofen auf 180 °C Ober-/Unterhitze vorheizen. Die Mulden der Formen gut mit **Butter** ausstreichen. ❖ Für den Teig das **Mehl** mit **Kakaopulver**, beiden **Zuckersorten, Backpulver, Natron** und **Gewürzen** in einer Schüssel vermischen. ❖ **Bier** und **Butter** in einen Topf geben und bei niedriger Hitze die Butter im Bier zerlassen. Zur Mehlmischung gießen, das **Ei** zugeben und alles mit dem Handmixer verrühren. Zuletzt den **Schmand** einarbeiten. ❖ Jeweils etwa 70 g Teig in die vorbereiteten Formen füllen. In den vorgeheizten Ofen geben und etwa 20 Minuten backen. ❖ Herausnehmen und die Küchlein in den Formen auskühlen lassen. Dann vorsichtig aus den Formen nehmen und umgekehrt auf eine Platte setzen, dabei, falls nötig, begradigen. ❖ Für die Glasur das **Gelee** in einen Topf geben, leicht erwärmen und die Küchlein mit einem Küchenpinsel rundum mit dem Gelee bestreichen. ❖ Die **Kuvertüre** grob raspeln und die noch feuchten Küchlein gleichmäßig damit bestreuen.

❖ ❖ ❖

TIPP Sollten Sie diese Eierkochgläser nicht haben, können Sie die Küchlein auch in einem Muffinblech backen, dann werden es allerdings 12–14 Küchlein und die Backzeit reduziert sich auf 15–18 Minuten.

32 Schnell, einfach, gut · Locker aus der Hüfte

Wer sagt eigentlich, dass man Bier nur trinken kann? Diese Küchlein widme ich meinem Mann Volker, der Bier fast genauso schätzt wie Schokolade.

BRIOCHESCHEIBEN
mit Schoko gefüllt

Dieses Rezept ist aus einer Süßspeisennot heraus entstanden. Meine Familie und ich sind nach einem langen Spaziergang ziemlich durchgefroren nach Hause gekommen und wir hatten große Lust auf eine heiße Tasse Tee und etwas Süßes. Nur leider war nichts da, außer etwas Brioche vom Vorvortag sowie Eier, Nuss-Nugat-Creme und Pankomehl. Na gut, dachte ich, das reicht! Und seitdem ist das eines unserer Lieblingsrezepte, wenn's mal schnell gehen muss.

Zubereitungszeit ca. 20 Minuten

Ergibt 4 Stück
ca. 100 g altbackene Brioche
    (alternativ auch Hefezopf)
2 EL Nuss-Nugat-Creme
2 Eier (Größe M)
1 EL Sahne
50 g feines Pankomehl
50 g Butter
100 ml Rapsöl oder
    Sonnenblumenöl
4 TL Orangenmarmelade
Außerdem
runder Ausstecher (Ø 7 cm)

Die **Brioche** in 1 cm dicke Scheiben schneiden und mit dem Ausstecher acht Kreise (à Ø 7 cm) ausstechen. Auf vier Kreisen je ½ EL **Nuss-Nugat-Creme** verstreichen und mit den restlichen Kreisen abdecken. ❖ Die **Eier** mit der **Sahne** in einen tiefen Teller geben und verquirlen. Das **Pankomehl** in einen zweiten tiefen Teller streuen. ❖ Die gefüllten Briochekreise von beiden Seiten erst durch die Eiermischung ziehen, dabei auch den Rand benetzen, dann im Pankomehl gründlich wenden und leicht andrücken. ❖ **Butter** und **Öl** in einer Pfanne erhitzen und die panierten Briochescheiben darin bei mittlerer Hitze von beiden Seiten knusprig braten, dabei während des Bratens mit der Butter-Öl-Mischung übergießen. ❖ Die fertig gebackenen Briochescheiben auf Küchenpapier setzen und abtupfen. Dann auf Teller legen, mit je 1 TL **Orangenmarmelade** krönen und noch warm genießen.

BLÄTTERTEIG-RAVIOLI
mit Ziegenkäse

**Zubereitungszeit ca. 20 Minuten
plus 10–15 Minuten Backzeit**

Ergibt ca. 6 Ravioli

1 Rolle Blätterteig (275 g; Fertig-
    produkt aus dem Kühlregal)
5–6 Rosmarinnadeln
50 g Ziegenfrischkäse
40 g Crème fraîche
16 g Dinkelgrieß
10–20 g Honig
10 g gemahlene Walnusskerne
1 Eigelb (Größe S)
Abrieb von ¼ Biozitrone
1 Eigelb (Größe M)
1 EL Sahne

Außerdem

quadratischer Ravioli-Ausstecher
    (5 × 5 cm)

Den Backofen auf 180 °C Ober-/Unterhitze vorheizen. Ein Backblech mit Backpapier auslegen. ❖ Den **Blätterteig** aus dem Kühlschrank nehmen, damit er Temperatur annimmt. ❖ Die **Rosmarinnadeln** sehr fein hacken, mit **Ziegenfrischkäse, Crème fraîche, Dinkelgrieß, Honig, Walnüssen** und **Eigelb** (Größe S) in eine Schüssel geben und vermengen. Zum Schluss den **Zitronenabrieb** einrühren. Das **Eigelb** (Größe M) mit der **Sahne** verrühren. ❖ Den Blätterteig entrollen und der Länge nach halbieren, sodass man zwei etwa 12,5 cm breite Teigstreifen erhält. Auf einen Streifen je etwa 1 TL Füllung in gleichmäßigen Abständen von etwa 6 cm aufsetzen. Den zweiten Teigstreifen darauflegen, den Ravioli-Ausstecher so anlegen, dass die Füllung jeweils mittig liegt, und ausstechen. (Die Teigreste anderweitig verwenden, siehe auch Tipp.) ❖ Die Ravioli mit etwas Abstand auf das vorbereitete Backblech legen und dünn mit der Eigelbmischung bestreichen. Im vorgeheizten Ofen 10–15 Minuten goldgelb backen. ❖ Herausnehmen und etwas abkühlen lassen. Die Blätterteigravioli noch leicht warm frisch servieren.

❖❖❖

TIPP   Man braucht reichlich Teig, um großzügig auszustechen, damit man schöne Ravioli bekommt. Aus den Teigresten kleine Formen ausstechen, mit Puderzucker bestreuen und nach dem Backen der Ravioli goldgelb backen – ein leckeres Knabbergebäck für zwischendurch.

EINFACH MAL GEHEN LASSEN
Hefeteig kann jeder

*Sich einfach mal gehen lassen –
die traut sich was, die Hefe. Aber
der Erfolg gibt ihr recht. Fluffi-
ge Hefeteigwaren gehören zu den
beliebtesten Teilchen, egal ob gefüllt
oder glasiert. Keine Angst, Hefeteig
machen kann jeder – mit frischer wie
auch mit Trockenbackhefe.*

Rosinen-Nuss-
KRINGEL

**Zubereitungszeit ca. 40 Minuten
plus Ruhezeit über Nacht und
15–20 Minuten Backzeit**

Ergibt 6 Kringel
300 g Weizenmehl
½ Pck. Trockenhefe (3,5 g)
15 g Zucker (1 EL)
5 g Bourbon-Vanillezucker (1 TL)
½ TL Salz
125 ml Milch
1 zimmerwarmes Ei (Größe M)
30 ml Haselnussöl (alternativ
     neutrales Öl, z. B. Rapsöl oder
     Sonnenblumenöl)
10 g Rosinen
1–2 EL Rum
10 g gehackte, geröstete Hasel-
     nusskerne (2 EL)
4 g Chiasamen (½ EL)

Am Vorabend **Mehl** mit **Trockenhefe, Zucker, Vanillezucker** und **Salz**
in einer Schüssel mischen. **Milch, Ei** und **Öl** zugeben, alles mit den Händen gut verkneten und abgedeckt über Nacht in den Kühlschrank stellen.
Die **Rosinen** hacken, mit dem **Rum** begießen und über Nacht marinieren. ❖ Am nächsten Tag den Teig auf der Arbeitsfläche kurz durchkneten
und in drei gleich große Stücke (à circa 170 g) teilen. ❖ Den Backofen
auf 180 °C Ober-/Unterhitze vorheizen. Ein Backblech mit Backpapier
auslegen. ❖ Ein Teigstück mit marinierten Rosinen, das zweite mit den
gehackten **Haselnüssen** und das dritte Teigstück mit den **Chiasamen**
verkneten, sodass drei unterschiedliche Teige entstehen. ❖ Jedes
Teigstück in sechs gleich große Portionen (à circa 30 g) teilen und auf
der Arbeitsfläche zu 20–22 cm langen Strängen rollen. Dann je einen
Strang einer Teigsorte an den Enden in die Hand nehmen und mit der
anderen Hand miteinander verdrehen. Dann zu einem Ring legen und
die Enden zusammendrücken. ❖ Damit es eine knusprige Kruste gibt,
Wasser in einem Topf zum Kochen bringen. Nacheinander die Teigringe
auf einen Schaumlöffel setzen und etwa 30 Sekunden ins kochende
Wasser tauchen. ❖ Die Kringel auf das vorbereitete Backblech setzen.
Eine kleine Auflaufform mit Wasser in den vorgeheizten Ofen stellen, das
Backblech hineinschieben und 15–20 Minuten goldfarben backen. ❖ Aus
dem Ofen nehmen und die Rosinen-Nuss-Kringel auf einem Kuchengitter
auskühlen lassen.

❖❖❖

TIPP   Für eine bunte Variante statt Rosinen, Nüssen und Samen drei
verschiedene Lebensmittel-Gelfarben in den Teig kneten. Dann entstehen Regenbogenringe.

BIENENSTICH
mit Honig-Mandel-Kruste

**Zubereitungszeit ca. 50 Minuten
plus ca. 25 Minuten Backzeit**

Ergibt 10–12 Stück
Für den Teig
500 g Weizenmehl (Type 550)
70 g Zucker
1 TL Bourbon-Vanillezucker
Abrieb von ¼ Biozitrone
1 zimmerwarmes Ei (Größe M)
80 g weiche Butter plus Butter
    zum Einfetten
1 Würfel frische Hefe (42 g)
250 ml Milch
Für den Belag
60 g Butter
60 g Honig
60 g brauner Zucker
Abrieb von ¼ Bioorange
Abrieb von ¼ Biozitrone
60 g Mandelblättchen
Zum Bestreichen
1 Eigelb (Größe M)
1 EL Sahne
Für die Creme
250 ml Milch
250 g Sahne
2 EL Zucker
1 Pck. Vanillepuddingpulver
Außerdem
10–12 Dariolförmchen
    (Ø 7 cm, 6,5 cm Höhe;
    alternativ 12er-Muffinblech)
Spritzbeutel mit 8-mm-Lochtülle

Für den Teig die angegebenen **Zutaten,** wie auf Seite 51 für die Blitz-Brioches beschrieben, zu einem Hefeteig verarbeiten. ❖ Die Dariolförmchen mit **Butter** ausstreichen. Vom Teig 80 g schwere Stücke abwiegen, zu Kugeln rollen und in die vorbereiteten Förmchen setzen. ❖ Für den Belag die **Butter** klein würfeln. **Honig, Zucker** sowie **Orangen-** und **Zitronenabrieb** in einen Topf geben und erwärmen. Die Butterstücke einrühren und kurz aufkochen lassen. Dann die **Mandelblättchen** dazugeben und vermengen. Vom Herd nehmen und etwas abkühlen lassen. ❖ In der Zwischenzeit zum Bestreichen das **Eigelb** mit der **Sahne** verquirlen und die Teigkugeln damit bestreichen. Dann mithilfe von zwei Esslöffeln je ½ EL des Mandelbelags auf die bestrichenen Teigkugeln geben. ❖ Eine Auflaufform mit Wasser füllen und in den Backofen stellen. Ein Backblech mit Backpapier auslegen, die Formen daraufstellen und in den kalten Backofen auf die untere Schiene geben. Die Temperatur auf 180 °C Ober-/Unterhitze regeln und etwa 25 Minuten backen. ❖ Inzwischen für die Creme **Milch, Sahne** und **Zucker** in einen Topf geben. Das **Puddingpulver** mit 6 EL Milchmischung aus dem Topf glatt rühren. Die Milchmischung zum Kochen bringen und das angerührte Pulver mit dem Schneebesen einrühren. Unter Rühren so lange kochen, bis die Masse dicklich eingekocht ist. Den Pudding in eine Schüssel geben, sofort mit Frischhaltefolie bedecken und auskühlen lassen. ❖ Die Förmchen herausnehmen – dabei Vorsicht beim Öffnen des Ofens, da heißer Dampf entweicht – und in den Förmchen etwas abkühlen lassen. Dann die Minibrioches aus den Förmchen lösen und auf einem Kuchengitter vollständig auskühlen lassen. ❖ Den Pudding in den Spritzbeutel mit Lochtülle füllen. Die ausgekühlten Minibrioches zweimal waagerecht durchschneiden, auf jede untere und mittlere Schicht Pudding spritzen und wieder zusammensetzen. Die kleinen Bienenstiche frisch genießen.

Einfach mal gehen lassen · Hefeteig kann jeder **43**

Cinnamon-
SCHNECKEN

Für mich gilt: kein Hamburg-Besuch, ohne mindestens einmal ein Franzbrötchen zu essen. Ein bisschen erinnern mich diese Schneckchen daran.

Zubereitungszeit ca. 35 Minuten plus 65–70 Minuten Ruhezeit und 10–15 Minuten Backzeit

Ergibt 20–25 Schnecken
Für den Teig
120 ml Mandelmilch
50 g Rohrohrzucker
½ Pck. Trockenhefe (3,5 g)
35 g weiche Butter
290 g Dinkelmehl (Type 630) plus
    etwas Mehl zum Bestäuben
1 Prise Salz
1 zimmerwarmes Ei (Größe M)
Für die Füllung
35 g weiche Butter
35 g Kokosblütenzucker
35 g Rohrohrzucker
2 EL Bananenpulver (30 g)
1 TL gemahlener Zimt
1 EL Mandelblättchen

Für den Teig die **Mandelmilch** in einem Topf handwarm erwärmen und 25 g **Rohrohrzucker** darin auflösen. Die Milchmischung in eine vorgewärmte Schüssel geben, mit der **Trockenhefe** bestreuen und 5–10 Minuten ruhen lassen, bis sich auf der Oberfläche Schaum gebildet hat. ❖ Die **Butter** in Stücke schneiden und mit **Mehl,** restlichem **Rohrohrzucker, Salz** und **Ei** in eine Schüssel geben. Die Hefemilch zugießen und mit den Händen alles zu einem glatten Teig verkneten. Wenn der Teig zu klebrig ist, noch etwas **Mehl** hinzufügen. Abdecken und den Hefeteig 60 Minuten gehen lassen. ❖ Den Backofen auf 180 °C Ober-/Unterhitze vorheizen. Ein Backblech mit Backpapier auslegen. ❖ Für die Füllung die **Butter** zerlassen. Den Teig auf einer **bemehlten** Arbeitsfläche etwa 5 mm dick zu einem Quadrat (circa 30 × 30 cm) ausrollen und mit der flüssigen Butter bestreichen. ❖ Beide **Zuckersorten** mit **Bananenpulver** und **Zimt** vermengen und die Teigfläche mit der Zuckermischung gleichmäßig bestreuen. Dann die **Mandelblättchen** darüberstreuen. ❖ Den Teig von zwei Seiten zur Mitte hin aufrollen und in 20–25 Scheiben (etwa 1–1,5 cm dick) schneiden. Die Teigscheiben auf das vorbereitete Backblech legen und im vorgeheizten Ofen 10–15 Minuten backen. ❖ Herausnehmen und die Cinnamon-Schnecken auf einem Kuchengitter auskühlen lassen. Frisch genießen.

TIPP Wer die Schnecken noch verzieren möchte, rührt Puderzucker mit Zitronensaft dickflüssig an und zieht damit feine Linien über das Gebäck. Für eine glänzende Variante vor dem Backen ein Eigelb mit etwas Sahne verquirlen und die Teigoberflächen damit bestreichen.

TIPP Der übrig bleibende Birnen-Sanddorn-Fruchtaufstrich schmeckt einfach toll auf Brot zum Frühstück oder auf Pfannkuchen gestrichen. Und hübsch verpackt, ist er natürlich ein köstliches Mitbringsel.

MINIQUARKKRAPFEN
mit Birnen-Sanddorn-Füllung

Zubereitungszeit ca. 50 Minuten plus 60 Minuten Ruhezeit

Ergibt ca. 30 Krapfen
Für die Füllung
1 große, reife, aromatische Birne (250 g)
250 g Sanddornsauce (Fertigprodukt)
Saft von ½ Zitrone
1 Zimtstange
1-cm-Scheibe Ingwerwurzel
150 g Gelierzucker (3:1)

Für den Teig
360 g Weizenmehl (Type 550) plus Mehl zum Bestäuben
1 Pck. Trockenhefe
50 g weiche Butter
50 g Zucker
150 g Quark (20 % Fett)
1 Prise Salz
70 ml Milch
2 Eier (Größe M)
1 kg Butterschmalz

Für den Überzug
50 g Zucker
½ TL gemahlener Zimt

Außerdem
3 sterilisierte Gläser mit Schraubverschluss (à 200 ml Inhalt)
Spritzbeutel mit kleiner Lochtülle

Für die Füllung die **Birne** schälen, halbieren, entkernen und klein würfeln. Zusammen mit **Sanddornsauce** und **Zitronensaft** in einen Topf geben. ❖ **Zimtstange** und **Ingwerscheibe** in einen Einwegteefilter geben und mit Küchengarn verschließen. Das Gewürzsäckchen mit dem **Gelierzucker** zur Fruchtmischung geben und aufkochen. Bei mittlerer Hitze 4–5 Minuten kochen. ❖ Dann das Gewürzsäckchen entfernen, die heiße Fruchtmasse mit dem Stabmixer fein pürieren und in die Gläser füllen. ❖ Für den Teig **Mehl, Hefe, Butter, Zucker, Quark** und **Salz** in einer Schüssel vermengen. Die **Milch** in einem Topf handwarm erwärmen, mit den **Eiern** zur Mehlmischung geben und mit den Knethaken des Handmixers zu einem glatten Teig verarbeiten. Mit einem Geschirrtuch abdecken und an einem warmen Ort 30 Minuten gehen lassen. ❖ Ein Backblech leicht **bemehlen.** Den Hefeteig auf einer **bemehlten** Arbeitsfläche durchkneten, mit **bemehlten** Händen 25 g schwere Portionen abnehmen und zu Kugeln formen. Auf das vorbereitete Backblech legen, abdecken und nochmals 30 Minuten gehen lassen. ❖ Das **Butterschmalz** in einem hohen Topf oder in einer Fritteuse auf etwa 170 °C erhitzen. Um die Fetttemperatur zu prüfen, ein Holzstäbchen in das heiße Fett halten. Sobald sich daran Bläschen bilden und aufsteigen, ist die Temperatur richtig. ❖ Die Kugeln etwas flach drücken und portionsweise im Fett goldbraun ausbacken, dabei darauf achten, dass die Quarkkrapfen zum Schwimmen ausreichend Platz haben. Die Krapfen wenden, wenn sie auf einer Seite fertig gebacken sind. Herausheben und auf Küchenpapier abtropfen lassen. ❖ Für den Überzug **Zucker** und **Zimt** mischen. 150 g vom Birnen-Sanddorn-Fruchtaufstrich in den Spritzbeutel mit Lochtülle füllen, in die noch warmen Krapfen stecken und einspritzen. Dann die Miniquarkkrapfen im Zimtzucker wälzen.

Einfach mal gehen lassen · Hefeteig kann jeder **47**

GESTAPELTER BUTTERKUCHEN
mit Toffifeestreuseln

Zubereitungszeit ca. 40 Minuten plus 30 Minuten Kühlzeit, 60 Minuten Ruhezeit und 25–30 Minuten Backzeit

Ergibt 2 kleine Kuchen

Für die Streusel
90 g Weizenmehl (Type 405)
70 g kalte Butter, in Stücke geschnitten
50 g brauner Zucker
8 Stück Toffifee

Für den Teig
100 ml Milch
80 g Zucker
15 g frische Hefe
250 g Weizenmehl (Type 405) plus Mehl zum Bestäuben
1 zimmerwarmes Ei (Größe M)
1 Prise Salz
50 g weiche Butter plus Butter zum Einfetten

Zum Bestreichen
40 g Butter

Außerdem
2 runde Springformen (Ø 16 cm)

Für die Streusel **Mehl, Butterstücke** und **braunen Zucker** in eine Schüssel geben, mit den Fingern vermischen und zu Streuseln verarbeiten. 30 Minuten im Kühlschrank kalt stellen. Die **Toffifeestücke** klein hacken. ❖ Für den Teig die **Milch** mit 2 EL **Zucker** in einem Topf leicht erwärmen und vom Herd nehmen. Die **Hefe** zerbröseln und in der handwarmen Milchmischung auflösen. ❖ **Mehl,** restlichen **Zucker, Ei, Salz** und **Butter** in eine Schüssel geben, die Milchmischung zugießen und alles mit den Händen zu einem glatten Teig verkneten. Abdecken und den Hefeteig 60 Minuten gehen lassen. ❖ Inzwischen den Backofen auf 180 °C Ober-/Unterhitze vorheizen. ❖ Zum Bestreichen die **Butter** in einem kleinen Topf zerlassen und etwas abkühlen lassen. ❖ Den Hefeteig auf einer **bemehlten** Arbeitsfläche erneut durchkneten und zu einem 5 mm dicken Rechteck ausrollen. Mithilfe eines Springformbodens vier Kreise (à Ø 16 cm) ausschneiden, dabei Teigreste verkneten, erneut ausrollen und ausschneiden. ❖ Beide Springformen mit **Butter** ausstreichen, je einen Teigkreis in die Formen legen und die Oberflächen mit flüssiger Butter bestreichen. Die Hälfte der Streusel auf beide Formen verteilen. Das gehackte Toffifee darüberstreuen. Die beiden restlichen Teigkreise in die Formen legen, wieder mit flüssiger Butter bestreichen und die übrigen Streusel darüber verteilen. ❖ Eine kleine Auflaufform mit kaltem Wasser füllen und in den Backofen stellen. Springformen in den vorgeheizten Ofen schieben und 25–30 Minuten backen. ❖ Herausnehmen und etwas abkühlen lassen. Aus den Formen lösen und auf einem Kuchengitter auskühlen lassen.

— ❖ ❖ ❖ —

TIPP Dieser Kuchen schmeckt frisch ganz himmlisch, kann aber auch gut eingefroren werden. Wenn keine zwei Springformen vorhanden sind, kann man auch einen der Butterkuchen prima in einem ofenfesten Topf der gleichen Größe backen.

BLITZ-BRIOCHES
2.0

Brioches backen kann auch schnell gehen. Teig anrühren und ab ins Rohr ohne Vorheizen. Wenn ich den Tisch für den Familienbrunch gedeckt habe, sind sie fertig.

Zubereitungszeit ca. 25 Minuten plus ca. 25 Minuten Backzeit

Ergibt 9 kleine Brioches
80 g weiche Butter plus Butter
    zum Einfetten
500 g Weizenmehl (Type 550)
70 g Zucker
1 TL Bourbon-Vanillezucker
1 zimmerwarmes Ei (Größe M)
250 ml Milch
1 Würfel frische Hefe (42 g)
Abrieb von ¼ Biozitrone
1 Eigelb (Größe M)
1 EL Sahne
Außerdem
9 Dariolförmchen (Ø 7 cm,
    6,5 cm Höhe)

Die **Butter** klein schneiden. Das **Mehl** in eine Schüssel sieben, dann 50 g **Zucker, Vanillezucker** und **Ei** zugeben. ❖ Die **Milch** mit dem restlichen **Zucker** in einen Topf geben und leicht erwärmen. Die **Hefe** in die handwarme Milch bröseln und mit einem Schneebesen verrühren, bis sie vollständig aufgelöst ist. ❖ Die Hefemilch über die Mehlmischung gießen, Butterstücke und **Zitronenabrieb** zugeben und mit den Knethaken des Handmixers alles zu einem glatten Teig verarbeiten. Dann den Teig mit den Händen auf einer Arbeitsfläche glatt kneten. ❖ Die Förmchen mit **Butter** ausstreichen. Vom Teig neun Stücke (à etwa 100 g) abnehmen und zu Kugeln rollen. Aus dem restlichen Teig neun kleine Kugeln (à etwa 10 g) formen. Die großen Teigkugeln in die Förmchen setzen und jeweils eine kleine Kugel darauflegen. ❖ Das **Eigelb** mit der **Sahne** verquirlen und die Teigportionen damit bestreichen. ❖ Eine Auflaufform mit kaltem Wasser füllen und in den Backofen stellen. Die Temperatur auf 180 °C Ober-/Unterhitze regeln, die Förmchen auf die untere Schiene in den kalten Ofen stellen und etwa 25 Minuten backen. ❖ Herausnehmen – dabei Vorsicht beim Öffnen des Ofens, da heißer Dampf entweicht – und die Blitz-Brioches auf einem Kuchengitter auskühlen lassen.

MONKEY BREAD
mit Schokoladenfüllung

**Zubereitungszeit ca. 40 Minuten
plus 2 Stunden Ruhezeit und
20–25 Minuten Backzeit**

Ergibt 1 kleinen Kuchen
Für den Teig
120 ml Milch
25 g Zucker
1 Beutel Yogi-Tee Classic
10 g frische Hefe
240 g Weizenmehl (Type 405)
    plus Mehl zum Bestäuben
1 Prise Salz
35 ml Rapsöl oder
    Sonnenblumenöl
1 zimmerwarmes Ei (Größe M)
Butter zum Einfetten
Für die Füllung
120 g Butter
150 g brauner Zucker
1 ½ TL gemahlener Zimt
70 g Zartbitterkuvertüre-Drops
    (3 Stück à 2 g)
Außerdem
Kastenbackform (ca. 11 × 20,5 cm)

Für den Teig die **Milch** mit 1 EL **Zucker** in einem kleinen Topf erwärmen. Den **Yogi-Teebeutel** hineingeben und etwa 3 Minuten in der Milch ziehen lassen. Den Beutel entfernen. ❖ Die **Hefe** zerbröseln und in der handwarmen Gewürzmilch auflösen. ❖ **Mehl, Salz** und restlichen **Zucker** in einer Schüssel vermengen. **Öl, Ei** und Hefemilch in die Mehlmischung geben und alles etwa 5 Minuten mit den Knethaken des Handmixers zu einem glatten Teig verarbeiten (der Teig ist eher zähflüssig). Die Schüssel mit einem Geschirrtuch abdecken und den Hefeteig an einem warmen Ort etwa 60 Minuten gehen lassen. ❖ In der Zwischenzeit für die Füllung ein Sieb mit einem Passiertuch oder Käseleinen auslegen und auf eine Schüssel setzen. Die **Butter** in einem Topf zerlassen und unter ständigem Rühren auf 130–140 °C erhitzen, bis sie schäumt und zu einer goldbraunen Nussbutter wird. Die Nussbutter durch das vorbereitete Sieb abgießen und abkühlen lassen. ❖ **Zucker** und **Zimt** in einem tiefen Teller mischen. Die Kastenform mit **Butter** einfetten. ❖ Den Teig auf einer **bemehlten** Arbeitsfläche zu einem Rechteck (circa 40 × 50 cm) ausrollen und in etwa 6 × 6 cm große Quadrate schneiden (ergibt circa 42 Stücke). Je 2 g **Kuvertüre-Drops** auf die Quadrate geben und zu Kugeln verschließen, dabei die Teigenden zusammendrücken. Die Teigkugeln erst durch die Nussbutter ziehen, dann im Zimtzucker wälzen, dicht nebeneinander in mehreren Schichten in die vorbereitete Kastenform füllen und nochmals 60 Minuten gehen lassen. ❖ Inzwischen den Backofen auf 180 °C Ober-/Unterhitze vorheizen. Die Kastenform in den vorgeheizten Ofen geben und 20–25 Minuten backen. ❖ Herausnehmen und in der Form etwas abkühlen lassen. Dann aus der Form stürzen und auf einem Kuchengitter auskühlen lassen.

❖❖❖

TIPP Wenn ich keine Kuvertüre-Drops bekomme, hacke ich Kuvertüre in 2 g kleine Stücke.

MINIZUPFBROT
mit Honig, Apfel und Cranberrys

Zubereitungszeit ca. 40 Minuten plus 65–100 Minuten Ruhezeit und 25–30 Minuten Backzeit

Ergibt ca. 7 Stück
Für den Teig
220 g Dinkelmehl (Type 630) plus
    Mehl zum Bestäuben
¼ TL Salz
20 g Zucker
70 ml Milch
10 g frische Hefe
25 g weiche Butter plus 1 EL Butter
    zum Einfetten
1 zimmerwarmes Ei (Größe M)
Für die Füllung
50 g flüssiger Honig
20 g Zucker
½–1 TL gemahlener Zimt
20 g getrocknete Apfelringe
10 g getrocknete Cranberrys
20 g Walnusskerne
30 g Butter
Für den Überzug
½ TL gemahlener Zimt
2 EL Zucker
Außerdem
9er-Muffinblech (Mulden à Ø 7 cm)

Für den Teig **Mehl, Salz** und **Zucker** in einer Schüssel vermischen. Die **Milch** handwarm erwärmen. Die **Hefe** zerbröseln und mit Milch, **Butter** und **Ei** zur Mehlmischung geben. Alle Zutaten mit den Knethaken des Handmixers oder mit den Händen zu einem glatten Teig verkneten, bis er sich von der Schüssel löst. ❖ Den Schüsselboden mit etwas **Mehl** bestreuen, die Teigkugel hineinlegen und abgedeckt 60–90 Minuten gehen lassen, bis sich das Volumen deutlich vergrößert hat. ❖ Für die Füllung den **Honig** mit **Zucker** und **Zimt** in einen Topf geben und erwärmen. So lange rühren, bis sich der Zucker aufgelöst hat. **Apfelringe, Cranberrys** und **Walnüsse** klein hacken. Die **Butter** in einem kleinen Topf zerlassen. ❖ Den Backofen auf 180 °C Ober-/Unterhitze vorheizen. Sieben Mulden des Muffinblechs mit 1 EL **Butter** einfetten. ❖ Den Hefeteig auf einer **bemehlten** Arbeitsfläche etwa 5 mm dünn zu einem Rechteck (circa 26 × 42 cm) ausrollen. Längs in etwa 3 cm breite Streifen schneiden und mit flüssiger Butter bestreichen (circa 1 TL geschmolzene Butter übrig lassen). Honigmischung darüber verteilen und grob mit der Frucht-Nuss-Mischung bestreuen. ❖ Die Streifen aufeinanderstapeln und umlegen. In etwa 6 cm lange Stücke schneiden und mit den Schnittflächen in die sieben Mulden des vorbereiteten Muffinblechs legen. Mit der restlichen Butter die Oberflächen bestreichen. ❖ Für den Überzug **Zimt** und **Zucker** vermischen, die Teigstücke damit bestreuen. In der Form nochmals 5–10 Minuten gehen lassen. ❖ Das Muffinblech in den vorgeheizten Ofen stellen und 25–30 Minuten backen. ❖ Herausnehmen. Die Zupfbrote in der Form etwas abkühlen lassen. Dann noch warm genießen.

Einfach mal gehen lassen · Hefeteig kann jeder **55**

Gefüllte
MINZRÖSCHEN

Zubereitungszeit ca. 40 Minuten plus Abtropfzeit über Nacht, 30 Minuten Kühlzeit und 30–35 Minuten Backzeit

Ergibt ca. 9 Röschen
Für die Minzefüllung
70 g Doppelrahmfrischkäse
1 kleines Bund frische Minze
40 g gemahlene blanchierte
    Mandelkerne
1 ½–2 EL Zitronensaft
60 ml Rapsöl oder
    Sonnenblumenöl
1 EL Honig
Abrieb von 1 Biozitrone
Für den Teig
250 g Weizenmehl (Type 405)
½ Pck. Backpulver (3,5 g)
40 g Zucker
10 g Bourbon-Vanillezucker
4 EL Rapsöl oder Sonnenblumenöl
4 EL Milch
125 g Quark (40 % Fett)
Butter zum Einfetten
Für die Glasur
7 EL Puderzucker
2–3 TL Zitronensaft
Außerdem
runde Springform (Ø 20 cm)

Für die Minzefüllung am Vortag den **Frischkäse** in ein Sieb geben, auf eine Schüssel setzen und über Nacht im Kühlschrank abtropfen lassen. ❖ Am nächsten Tag die **Minze** abbrausen, trocken schütteln und 20 g Blätter von den Stielen zupfen. Die Minzeblätter mit **Mandeln** und **Zitronensaft** in einen hohen Mixbecher geben. Mit dem Stabmixer pürieren, dabei das **Öl** langsam zugießen. Zum Schluss **Honig** und **Zitronenabrieb** einarbeiten. ❖ Für den Teig **Mehl, Backpulver, Zucker** und **Vanillezucker** in eine Schüssel geben und vermengen. **Öl, Milch** und **Quark** zugeben und alles mit den Händen zu einem glatten Teig verkneten. Aus dem Teig ein dickes Rechteck formen, in Frischhaltefolie einschlagen und 30 Minuten im Kühlschrank kalt stellen. ❖ Den Backofen auf 180 °C Umluft vorheizen. Die Springform mit **Butter** ausstreichen. ❖ Den Teig auf der Arbeitsfläche zu einem dünnen Rechteck (circa 28 × 35 cm) ausrollen. Den abgetropften Frischkäse in die Minzemischung einrühren und die Füllung gleichmäßig auf dem Teig verteilen, dabei an einer kurzen Kante einen 1 cm breiten Rand frei lassen. ❖ Den Teig von der bestrichenen kurzen Kante beginnend zur freien Kante hinaufrollen und leicht andrücken. Die Rolle mit einem scharfen Messer in etwa 3 cm dicke Scheiben schneiden. Die Röschenscheiben in die Springform setzen und im vorgeheizten Backofen 30–35 Minuten backen – falls die Oberfläche zu dunkel wird, zwischendurch mit Backpapier abdecken. ❖ Die Springform herausnehmen. Für die Glasur den **Puderzucker** mit dem **Zitronensaft** dickflüssig anrühren und über die noch heißen Minzröschen feine Linien ziehen. Fest werden lassen und frisch genießen.

TIPP Die fertig gebackenen Röschen lassen sich hübsch verzieren, wenn man etwas mehr von der Minzemischung herstellt und nach dem Glasieren noch mit auf die Röschen träufelt. Das Gebäck sollte am selben Tag gegessen werden – ich mag es am liebsten noch lauwarm.

BACKZEIT
Gut Ding will Weile haben

Zur Entspannung empfehle ich Yoga – oder das Backen von Törtchen. Denn bei diesen Meisterbackwerken für ganz besondere Anlässe können Sie so richtig schön abschalten. Hier steckt viel Zeit drin und noch mehr Liebe. Das sieht man und das schmeckt man.

ROTE-BETE-KÜCHLEIN
mit Schokolade und Passionsfrucht-Topping

Zubereitungszeit ca. 45 Minuten plus 20 Minuten Backzeit und ca. 30 Minuten Kühlzeit

Ergibt 19–21 Küchlein

Für die Geleewürfel
3 Blatt weiße Gelatine
75 ml frisch passierter Passionsfruchtsaft von 5–6 Passionsfrüchten
50 ml Rote-Bete-Saft
30 g Zucker

Für den Teig
130 g Weizenmehl (Type 405)
1 EL Backpulver (8 g)
1 EL ungesüßtes Kakaopulver (10 g, Poudre de Cacao, siehe Seite 207)
50 g brauner Zucker
1 Prise Salz
1 Prise gemahlener Zimt
60 g Zartbitterkuvertüre
180 g vakuumverpackte gegarte Rote Beten
2 EL saure Sahne
1 zimmerwarmes Ei (Größe M)
50 ml Milch

Für das Topping
180 g weiße Kuvertüre
100 g Sahne
30 ml frisch passierter Passionsfruchtsaft von 1–2 Passionsfrüchten

Außerdem
Einwegspritzbeutel
2 Silikonbackformen mit 15 würfelförmigen Mulden (à ca. 3,5 × 3,5 cm, siehe Seite 207)
Spritzbeutel mit 8-mm-Rosentülle

Für die Geleewürfel die **Gelatine** in kaltem Wasser einweichen. Den **Passionsfruchtsaft** mit **Rote-Bete-Saft** und **Zucker** in einen Topf geben, aufkochen lassen und vom Herd nehmen. Die Gelatine ausdrücken und darin auflösen. Die Mischung in eine kleine flache Form gießen und im Kühlschrank fest werden lassen. ❖ Den Backofen auf 180 °C Ober-/Unterhitze vorheizen. ❖ Für den Teig das **Mehl** mit **Backpulver, Kakaopulver, Zucker, Salz** und **Zimt** in einer Schüssel vermischen. Die **Kuvertüre** klein hacken, in eine hitzebeständige Schüssel geben und im Wasserbad (Temperatur unter dem Siedepunkt halten) schmelzen. Die **Beten** würfeln, mit der **sauren Sahne** in einen hohen Mixbecher geben und mit dem Stabmixer fein pürieren. ❖ Rote-Bete-Püree, Kuvertüre, **Ei** und **Milch** zur Mehlmischung geben und mit dem Handmixer alles gut verrühren. In den Einwegspritzbeutel füllen, die Spitze etwa 4 mm breit abschneiden und etwa 19–21 würfelförmige Mulden der Backformen jeweils halbvoll mit Teig füllen. Im vorgeheizten Ofen 20 Minuten backen. ❖ Herausnehmen und in den Formen auf einem Kuchengitter abkühlen lassen. Dann vorsichtig aus den Mulden lösen. ❖ Für das Topping die **weiße Kuvertüre** grob hacken, in eine hitzebeständige Schüssel geben und im Wasserbad (Temperatur unter dem Siedepunkt halten) schmelzen. Vom Wasserbad nehmen, dann **Sahne** und **Passionsfruchtsaft** einrühren, abdecken und etwa 30 Minuten kalt stellen. ❖ Das Passionsfrucht-Topping mit dem Handmixer cremig aufschlagen und in den Spritzbeutel mit Rosentülle füllen. ❖ Das fest gewordene Gelee in kleine Würfel schneiden oder nach Belieben Formen wie Kreise, Herzchen, Dreiecke etc. ausstechen. ❖ Auf jeden Kuchenwürfel einen dicken Tupfen Passionsfrucht-Topping setzen und ein Geleestück dekorativ auflegen.

Kleine
MOHN-HIMBEER-TORTE

Zubereitungszeit ca. 90 Minuten plus 20 Minuten Backzeit und 3 Stunden Kühlzeit

Ergibt 1 kleine Torte
Für den Himbeerkern
3 Blatt weiße Gelatine
260 g Himbeeren (frisch oder TK)
60 g Zucker
2 EL Zitronensaft
Für den Biskuit
60 g Weizenmehl (Type 405)
20 g Vanillepuddingpulver
½ TL Backpulver (2,5 g)
2 zimmerwarme Eier (Größe M)
1 Prise Salz
50 g Zucker
10 g gemahlener Mohn
Abrieb von ¼ Biozitrone

Für den Himbeerkern die **Gelatine** in kaltem Wasser einweichen. Die **Himbeeren** verlesen, mit **Zucker** und **Zitronensaft** in einen Topf geben und aufkochen. Mit dem Stabmixer fein pürieren und durch ein Sieb streichen. Das aufgefangene Himbeermus wieder in den Topf geben und aufkochen. Vom Herd nehmen, die Gelatine ausdrücken und in der Himbeermasse auflösen. In die kleinere Silikonbackform (Ø 10 cm) füllen und bis zur Verwendung kalt stellen. ❖ Den Backofen auf 180 °C Ober-/Unterhitze vorheizen. Falls eine Springform verwendet wird, diese mit Backpapier auslegen – nicht einfetten! ❖ Für den Biskuit **Mehl** mit **Puddingpulver** und **Backpulver** zweimal sieben. Die **Eier** trennen. Das Eiweiß mit dem **Salz** schaumig aufschlagen. 25 g **Zucker** einrieseln lassen und steif schlagen. ❖ In einer anderen Schüssel Eigelb und restlichen **Zucker** mit dem Handmixer hell und schaumig aufschlagen. Den Eischnee in zwei Portionen vorsichtig unter die Eigelbmasse heben. Dann die Mehlmischung mit **Mohn** und **Zitronenabrieb** in zwei Portionen unterheben, dabei nicht zu lange rühren, damit der Biskuit fluffig wird. ❖ Den Teig in die vorbereitete Form füllen und im vorgeheizten Ofen etwa 20 Minuten backen. Achtung, den Ofen während der Backzeit nicht öffnen, sonst fällt der Biskuit zusammen! ❖ Herausnehmen und in der Form auf einem Kuchengitter gut auskühlen lassen. Aus der Form lösen, die Oberfläche des Biskuits begradigen und in der Mitte

FORTSETZUNG auf der nächsten Seite.

*Mit Himbeeren verbinde ich lange Wanderungen mit meinen Groß-
eltern durch die Bergwälder des Gasteiner Tals. Mühsam war die
Ernte dieser beerigen Naturschätze von den stacheligen Sträuchern,
bis das Körbchen voll war. Aber auch: ein Megagenuss.*

FORTSETZUNG

Für die Mohncreme
1 Blatt weiße Gelatine
100 g Mascarpone
100 g Quark (20 % Fett)
50 g Puderzucker
15 g gemahlener Mohn
1 TL Bourbon-Vanillezucker
Abrieb von ¼ Zitrone
1 EL Himbeergeist
70 g Sahne
200 g Himbeeren
Außerdem
runde Silikonbackform (Ø 10 cm)
runde Silikonbackform oder
    Springform (Ø 15 cm)
Tortenring

waagerecht durchschneiden. ❖ Für die Mohncreme die **Gelatine**
in kaltem Wasser einweichen. **Mascarpone, Quark, Puderzucker,
Mohn, Vanillezucker** und **Zitronenabrieb** in eine Schüssel geben und
mit dem Handmixer gut verrühren. Den **Himbeergeist** in einen Topf
geben und erwärmen. Die Gelatine ausdrücken und bei sehr niedriger
Hitze auflösen. 1–2 EL der Quark-Mascarpone-Masse in die Gelatinemischung rühren, dann zur restlichen Quark-Mascarpone-Masse geben
und mit einem Teigspatel verrühren. Die **Sahne** steif schlagen und
unterheben. ❖ Die **Himbeeren** verlesen. Die untere Biskuithälfte auf
eine Kuchenplatte setzen. Den Himbeerkern aus der Silikonform lösen
und mittig aufsetzen. 150 g Himbeeren rund um den äußeren Rand des
Himbeerkerns setzen und den Tortenring umlegen. ❖ Einen Teil der
Mohncreme über die Himbeeren gießen und somit den Randzwischen-
raum füllen. Die obere Biskuithälfte auf Creme und Fruchtkern setzen.
Den Rest der Creme auf der Biskuitoberfläche verteilen und mindestens
3 Stunden kalt stellen. ❖ Den Tortenring vorsichtig lösen und vor dem
Servieren die Oberfläche mit den restlichen Himbeeren dekorieren.

❖ ❖ ❖

TIPP Der Himbeerkern lässt sich besonders gut aus der Silikonform
lösen, wenn man die Form 30 Minuten vor der Verwendung ins Gefrierfach stellt.

FRANKFURTER
Kränzchen

Zubereitungszeit ca. 60 Minuten plus 8–10 Minuten Backzeit

Ergibt ca. 20 Kränzchen

Für den Krokant
100 g Zucker
100 g gehackte Mandelkerne

Für den Teig
70 g weiche Butter
50 g brauner Zucker
¼ TL Biozitronenabrieb
1 zimmerwarmes Ei (Größe L)
80 g Weizenmehl (Type 405)
1 TL Backpulver

Für die Füllung
100 g Kirschfruchtaufstrich, fein püriert
180 g weiche Butter
100 g Puderzucker
Mark von ½ Vanillestange
1 Msp. Bioorangenabrieb

Außerdem
Cake-Pop-Backform aus Silikon mit 20 (halb-)kugelförmigen Mulden (à Ø 3,5 cm, siehe Seite 207)
2 Einwegspritzbeutel

Für den Krokant **Zucker** und **Mandeln** in einer Pfanne langsam erwärmen, dabei nur gelegentlich rühren. Sobald der Zucker goldfarben geschmolzen ist, vom Herd nehmen. Die Mischung auf Backpapier ausstreichen und etwa 10 Minuten auskühlen lassen. Dann den Krokant mit einem Nudelholz in kleine Stücke brechen. ❖ Den Backofen auf 180 °C Umluft vorheizen. ❖ Für den Teig **Butter, Zucker** und **Zitronenabrieb** in einer Schüssel mit dem Handmixer cremig schlagen, dann das **Ei** einrühren. **Mehl** und **Backpulver** in einer Schüssel mischen und in die Buttermasse einarbeiten. ❖ Die Mulden der unteren Cake-Pop-Backformhälfte zu gut zwei Dritteln mit Teig füllen. Die obere Backformhälfte aufsetzen und im vorgeheizten Ofen 8–10 Minuten backen. ❖ Herausnehmen und in der Form auskühlen lassen. Dann die Kugeln auslösen, auf ein Kuchengitter setzen und mit einem scharfen Messer halbieren. ❖ Für die Füllung den **Fruchtaufstrich** in einem kleinen Topf leicht erwärmen und in einen der Spritzbeutel füllen. ❖ **Butter, Puderzucker, Vanillemark** und **Orangenabrieb** in einer Schüssel cremig rühren und in den zweiten Spritzbeutel füllen. ❖ Vom Spritzbeutel mit dem Fruchtaufstrich eine etwa 4 mm breite Spitze abschneiden und auf die Schnittflächen von zehn Halbkugeln mittig je einen Tupfen spritzen. ❖ Vom Spritzbeutel mit der Buttercreme eine etwa 6 mm breite Spitze abschneiden und rund um den Fruchtaufstrich je etwas Creme aufspritzen. Mit den restlichen Halbkugeln zu Kugeln zusammensetzen. ❖ Die übrige Buttercreme bis auf einen Rest als dicken Klecks auf einen Teller spritzen, nacheinander die Kugeln mithilfe eines Holzspießes hineinsetzen und mit einem Palettenmesser rundum etwas Creme glatt verstreichen. ❖ Die Kugeln über einer Schüssel rundum mit dem Krokant bestreuen. Die Frankfurter Kränzchen auf eine Platte setzen, einen Tupfen übrige Buttercreme und darauf einen Tupfen übrigen Fruchtaufstrich spritzen. Bis zum Servieren kalt stellen.

SCHOKO-KARAMELL-TARTES
mit Preiselbeerfüllung

Zubereitungszeit ca. 60 Minuten plus mind. 5 Stunden Kühlzeit und ca. 20 Minuten Backzeit

Ergibt 2 kleine Tartes
Für den Teig

90 g weiche Butter plus Butter
 zum Einfetten
60 g brauner Zucker
20 g gemahlene, blanchierte
 Mandelkerne
1 Prise Salz
1 Ei (Größe M)
150 g Weizenmehl (Type 405)
 plus Mehl zum Bestäuben
¾ TL gemahlener Zimt

Für das Schokoladenkaramell

100 g Zucker
30 g Butter
70 g Sahne
40 g Vollmilchkuvertüre

Für die Ganache

160 g Zartbitterkuvertüre
60 g Vollmilchkuvertüre
320 g Sahne
50 g weiche Butter

Für die Fruchtfüllung

200 g Preiselbeeren aus dem Glas

Außerdem

2 runde Springformen (Ø 16 cm)
ca. 500 g Hülsenfrüchte
 oder Backperlen

Für den Teig **Butter, Zucker, Mandeln** und **Salz** in eine Schüssel geben und mit einem Teigspatel alles zu einer homogenen Masse verrühren. Dann das **Ei** einarbeiten. Das **Mehl** mit dem **Zimt** mischen, hinzufügen und glatt rühren. Den weichen Teig zu einem flachen Teigstück formen, in Frischhaltefolie wickeln und etwa 2 Stunden kalt stellen. ❖ Inzwischen für das Schokoladenkaramell den **Zucker** in einen Topf geben und goldfarben karamellisieren lassen. Die **Butter** klein schneiden und kräftig unterrühren. Den Topf vom Herd nehmen, die **Sahne** zugießen und mit einem Kochlöffel zu einer homogenen Masse verrühren. Zuletzt die **Kuvertüre** klein hacken und in das Karamell rühren. Dann beiseitestellen. ❖ Den Backofen auf 180 °C Ober-/Unterhitze vorheizen. Die Böden der Springformen mit Backpapier auslegen und die Ränder mit **Butter** ausstreichen. ❖ Den Teig auf einer **bemehlten** Arbeitsfläche etwa 5 mm dünn ausrollen, zwei Kreise (à Ø 16 cm) ausschneiden und in die vorbereiteten Springformen legen. Die Teigreste ausrollen, etwa 3 cm breite Teigstreifen ausschneiden und diese als Rand in die Springformen setzen. Die Teigböden mit Backpapier bedecken und mit den **Hülsenfrüchten** beschweren. Im vorgeheizten Ofen 15 Minuten blindbacken. Dann das Backpapier mit den Hülsenfrüchten entfernen und etwa weitere 5 Minuten backen. ❖ Herausnehmen und in den Springformen abkühlen lassen. ❖ Für die Ganache beide **Kuvertüren** klein hacken und in eine Schüssel mit höherem Rand geben. Die **Sahne** in einem Topf aufkochen und über die gehackte Kuvertüre gießen. Mit dem Stabmixer mixen und die Kuvertüre in der Sahne vollständig auflösen. Zum Schluss die **Butter** einarbeiten und auf 30 °C abkühlen lassen. ❖ Das Schokoladenkaramell auf beide Böden verteilen und darauf die Fruchtfüllung und die **Preiselbeeren** verstreichen. Die noch warme Ganache in beide Formen füllen und die Schoko-Karamell-Tartes mindestens 3 Stunden kalt stellen. Zum Servieren aus den Formen lösen.

Milchreis-Mango-
TÖRTCHEN

**Zubereitungszeit ca. 75 Minuten
plus ca. 15 Minuten Backzeit**

Ergibt 2 Törtchen
Für den Teig
100 g weiche Butter plus Butter
    zum Einfetten
70 g Weizenmehl (Type 405)
¼ TL Backpulver
30 g Pistaziengrieß
1 Prise Salz
100 g Zucker
¼ TL Biozitronenabrieb
2 zimmerwarme Eier (Größe M)
Für die Milchreisfüllung
300 ml Milch (3,5 % Fett)
1 Prise Salz
2 Pimentkörner
½ Sternanis
¼ Zimtstange
1 EL Zucker
1 TL Bourbon-Vanillezucker
60 g Milchreis
20 g weiße Kuvertüre, klein gehackt
50 g Mascarpone
Für die Mangoschicht
180 g Mangofruchtfleisch
    (von ca. ½ Mango)
1 Passionsfrucht

Den Backofen auf 180 °C Umluft vorheizen. ❖ Für den Teig den Boden der Springform mit Backpapier auslegen und den Rand mit **Butter** einfetten. ❖ **Mehl, Backpulver, Pistaziengrieß** und **Salz** in einer Schüssel mischen. **Butter, Zucker** und **Zitronenabrieb** in einer anderen Schüssel mit dem Handmixer hell und schaumig schlagen. Die **Eier** einzeln dazugeben und jeweils gut unterrühren. Dann die Mehlmischung zugeben und kurz unterrühren. ❖ Die Teigmasse in die vorbereitete Springform füllen und gleichmäßig verstreichen. In den vorgeheizten Ofen geben und etwa 15 Minuten goldgelb backen. ❖ Herausnehmen und vollständig auskühlen lassen. Falls nötig, die Oberfläche begradigen, dann mit den Speiseringen zwei Kreise (à Ø 7 cm) ausstechen. Beide Böden in den Ringen lassen und beiseitestellen (den übrigen Boden anderweitig verwenden oder einfrieren). ❖ Für die Milchreisfüllung die **Milch** mit **Salz, Gewürzen, Zucker** und **Vanillezucker** aufkochen. Den **Reis** zugeben, den Deckel aufsetzen und bei niedriger Hitze quellen lassen. Den Topf vom Herd nehmen und die Gewürze entfernen. Die gehackte **Kuvertüre** in den heißen Milchreis rühren und auflösen. Den **Mascarpone** unterrühren und 3–4 Minuten abkühlen lassen. Dann die Milchreiscreme gleichmäßig in beide Speiseringe mit Boden füllen. ❖ Für die Mangoschicht das **Mangofruchtfleisch** in einen hohen Mixbecher geben und mit dem Stabmixer fein pürieren. Die **Passionsfrucht** aufschneiden und das Fruchtfleisch durch ein Sieb passieren. Den Fruchtsaft mit

FORTSETZUNG auf der nächsten Seite.

70 Backzeit · Gut Ding will Weile haben

Milchreis – für mich ein Kindheitstraum, am liebsten warm mit Zimt-
zucker und Vanille. Die Milchreis-Mango-Törtchen sind die coole
Variante dieser Passion und schmecken sogar Mitgliedern meiner
Familie, für die Milchreis eher ein Kindheitstrauma ist.

FORTSETZUNG

2 ½ Blatt weiße Gelatine,
    10 Minuten in kaltem Wasser
    eingeweicht
Für den Gewürzreis
60 g Zucker
½ TL gemahlener Zimt
½–¾ TL rosa Pfefferkörner
1 TL getrocknete Rosenblätter
½ TL Pistaziengrieß
150 ml Rapsöl oder
    Sonnenblumenöl
50 g Reis
Außerdem
runde Springform (Ø 20 cm)
2 hohe Speiseringe (Ø 7 cm)

90 g Mangopüree in einen Topf geben und erhitzen. Vom Herd nehmen, die eingeweichte **Gelatine** ausdrücken, zugeben und auflösen. Dann das restliche Mangopüree einrühren. ❖ Mit dem Stiel eines Holzlöffels bis zum Kuchenboden je ein Loch in die Mitte der Milchreisfüllung drücken. Die Mangomischung in die Öffnungen füllen und dann die Speiseringe ganz auffüllen. 60 Minuten im Kühlschrank kalt stellen. ❖ In der Zwischenzeit für den Gewürzreis den **Zucker** mit dem **Zimt** mischen. **Pfefferkörner** und **Rosenblätter** fein hacken, mit dem **Pistaziengrieß** zur Zucker-Zimt-Mischung geben und alles vermengen. ❖ Das **Öl** in einer Pfanne erhitzen und den **Reis** darin goldbraun frittieren. Durch ein Metallsieb abgießen und die Reiskörner auf Küchenpapier abtropfen lassen. Noch warm zur Gewürzmischung geben und darin wenden. ❖ Die Speiseringe mit einem Messer vorsichtig von den Törtchen lösen und abziehen. Dann die Milchreis-Mango-Törtchen mit dem frittierten Gewürzreis dekorativ toppen oder auch ummanteln.

❖ ❖ ❖

TIPP   Das Rosenaroma verstärke ich je nach Laune mit einigen Tropfen Rosenwasser, die ich in den Milchreis einrühre. Als zusätzliche Deko kann man den unteren Rand der Törtchen noch mit einem Streifen Pistaziengrieß ummanteln und den Gewürzreis mit kleinen ausgestochenen Mangokugeln toppen.

NAKED-CAKE-BROWNIE
mit Chai-Latte-Cremefüllung

Zubereitungszeit ca. 75 Minuten plus 30 Minuten Backzeit und 60 Minuten Kühlzeit

Ergibt 1 kleine Torte

Für den Teig

110 g Zartbitterkuvertüre
340 g weiche Butter
270 g Zucker
5 zimmerwarme Eier (Größe M)
140 g Weizenmehl (Type 405)
¼ TL Salz
1 ½ EL ungesüßtes Kakaopulver (Poudre de Cacao, siehe Seite 207)
150 g gemahlene Mandelkerne
75 g klein gehackte Walnusskerne

Für die Chai-Latte-Creme

1 ½ Blatt weiße Gelatine
80 g gut gekühlte Sahne
320 g Mascarpone
1 EL Puderzucker
50 g Orangenmarmelade
6 g Chai-Latte-Pulver (1 EL; z. B. Elephant Vanilla Chai)
50 g Kakaobutter
50 g Butterkekse oder Spekulatius

Den Backofen auf 180 °C Ober-/Unterhitze vorheizen. Die Böden der Springformen mit Backpapier auslegen. ❖ Für den Teig die **Kuvertüre** auf einen hitzebeständigen Teller geben und im Ofen weich werden lassen. **Butter, Zucker** und **Eier** in einer Schüssel mit dem Handmixer cremig schlagen. Die weiche Kuvertüre einarbeiten. ❖ Das **Mehl** mit **Salz** und **Kakaopulver** vermischen und unterrühren. Zuletzt **Mandeln** und **Walnüsse** unterheben. ❖ Den Schokoladenteig gleichmäßig auf die vorbereiteten Springformen verteilen, glatt streichen und im vorgeheizten Ofen etwa 30 Minuten backen. ❖ Herausnehmen und in den Formen auskühlen lassen. Dann herauslösen und die Oberflächen der Böden begradigen. ❖ Für die Chai-Latte-Creme die **Gelatine** in kaltem Wasser einweichen. Die **Sahne** steif schlagen. Den **Mascarpone** mit **Puderzucker** und **Marmelade** in einer Schüssel verrühren. ❖ 1–2 EL Wasser in einem kleinen Topf erhitzen, das **Chai-Latte-Pulver** einrühren und vom Herd nehmen. Die Gelatine ausdrücken, in die Chai-Mischung geben und auflösen. 1–2 EL geschlagene Sahne in die Chai-Mischung rühren. Dann die Chai-Mischung in die restliche Sahne rühren und die Masse unter die Mascarpone-Creme heben. ❖ Die **Kakaobutter** in einem kleinen Topf schmelzen. 30 g **Kekse** mittelgrob hacken, in die Kakaobutter rühren, in einem Sieb kurz abtropfen lassen und auf Küchenpapier legen. ❖ Einen Boden auf eine Kuchenplatte legen und 2–3 EL Chai-Latte-Creme darauf verstreichen. Mit der Hälfte der Keksstücke bestreuen. Den zweiten

FORTSETZUNG auf der nächsten Seite.

Meine Mutter macht fantastische Brownies. Leider nur
an Weihnachten. Deshalb habe ich mir diesen Minicake ausgedacht.
Jetzt singen die Brownie-Engel bei mir rund ums Jahr. Übrigens: Die
Chai-Latte-Creme mögen auch Kaffeetrinker.

FORTSETZUNG

Für die Deko
nach Belieben (z. B. Beeren,
    gehackte Schokoladen-
    spekulatius, Amaretti, Marzipan-
    ornamente, Marshmellows)
Außerdem
3 runde Springformen (à Ø 15 cm)

Boden auflegen, wieder mit Creme bestreichen und mit den übrigen Keksstücken bestreuen. Dann den dritten Boden auflegen und mit Creme bestreichen. Die restliche Creme unregelmäßig dünn am Tortenrand verstreichen und die Torte 60 Minuten kalt stellen. ❖ Zum Servieren die restlichen **Kekse** hacken und mittig auf der Tortenoberfläche verteilen. Nach Belieben verzieren.

❖ ❖ ❖

TIPP Wenn keine drei Springformen vorhanden sind, die Böden nacheinander backen. Ich verrate Ihnen ein Geheimnis: Der Boden ist mein Brownie-Rezept! Also wer einfach nur diese klassischen Schokoquadrate möchte, bereitet den Teig zu und streicht ihn auf ein kleines Backblech.

COFFEE CAKES
mit Schokomousse

**Zubereitungszeit ca. 50 Minuten
plus 1,5–2 Stunden Kühlzeit und
15–20 Minuten Backzeit**

Ergibt 10–12 Cakes
Für die Mousse
1 Blatt weiße Gelatine
75 g Nugat, klein gehackt
100 g Zartbitterkuvertüre,
    klein gehackt
2 Eigelb (Größe M)
30 g Zucker
250 g Sahne
1–2 EL Orangensaft
Für den Teig
25 g getrocknete Kirschen
50 g getrocknete Cranberrys
20 g getrocknete Aprikosen
1 ½ EL Orangensaft
1 EL Rum
75 g weiche Butter
50 g Muscovadozucker
1 TL Bourbon-Vanillezucker
2 zimmerwarme Eigelb (Größe M)
Abrieb von ¼ Biozitrone
75 g Weizenmehl (Type 405)
½ TL Backpulver
25 g gemahlene Haselnusskerne
½ TL gemahlener Zimt
2 TL gewalzter Kaffee (3,5 g;
    siehe Seite 207)
2 Eiweiß (Größe M)
1 Prise Salz
Außerdem
Spritzbeutel mit 8-mm-Lochtülle
Minikuchen-Silikonform mit
    12 rechteckigen Mulden
    (à ca. 3 × 8 cm)
Spritzbeutel mit Sternbandtülle
    (16 × 2 mm)

Für die Mousse die **Gelatine** in kaltem Wasser einweichen. ❖ **Nugat** und **Kuvertüre** in eine hitzebeständige Schüssel geben und im Wasserbad (Temperatur unter dem Siedepunkt halten) schmelzen. **Eigelb** und **Zucker** ebenfalls in eine hitzebeständige Schüssel geben, aufs Wasserbad setzen und mit dem Handmixer hell und cremig aufschlagen. Dann 50 g **Sahne** in die Kuvertüremischung einrühren. ❖ Die restliche **Sahne** halbfest aufschlagen. Den **Orangensaft** erhitzen, die Gelatine ausdrücken und darin auflösen. 1–2 EL aufgeschlagene Sahne in die aufgelöste Gelatine rühren und die Mischung unter die restliche Sahne heben. ❖ Die Kuvertüremischung in die Eigelbmasse rühren. Dann die Gelatinesahne unterheben und die Mousse 1,5–2 Stunden kalt stellen. ❖ Inzwischen für den Teig **Kirschen, Cranberrys** und **Aprikosen** klein hacken. In eine Schüssel geben, mit **Orangensaft** und **Rum** beträufeln und 30 Minuten marinieren. ❖ Den Backofen auf 180 °C Ober-/Unterhitze vorheizen. ❖ Die **Butter** in einer Schüssel schaumig rühren. **Muscovadozucker** und **Vanillezucker** zugeben und cremig rühren. Nach und nach das **Eigelb** einarbeiten, dann den **Zitronenabrieb** einrühren. ❖ Das **Mehl** mit **Backpulver, Haselnüssen, Zimt** und **Kaffee** mischen. Das **Eiweiß** mit dem **Salz** steif schlagen. Abwechselnd Eischnee und Mehlmischung unter die Buttermasse ziehen. Zuletzt die marinierten Früchte unterheben, den Teig in den Spritzbeutel mit Lochtülle füllen und gleichmäßig in zehn bis zwölf Mulden der Silikonform spritzen. Im vorgeheizten Ofen auf der mittleren Schiene 15–20 Minuten backen – kurz vor Ende der Backzeit mit einem Holzspieß eine Garprobe machen. ❖ Herausnehmen, die Coffee Cakes in der Form kurz abkühlen lassen, dann herausheben und auf einem Kuchengitter auskühlen lassen. ❖ Die gekühlte Mousse in den Spritzbeutel mit Sternbandtülle füllen und dekorativ auf die Coffee Cakes spritzen.

TIPP Die Coffee Cakes können nach Belieben dekoriert werden – eventuell übrig bleibende Mousse später pur vernaschen. Ich mag den nussigen Geschmack dieses Gebäcks. Um ihn zu intensivieren, röste ich die Haselnüsse in einer Pfanne ohne Fett, bis sie eine goldgelbe Farbe haben. Die Cakes entweder frisch genießen oder kalt stellen.

MIRROR-GLACE-TÖRTCHEN
mit Erdbeeren und Holunderblüten

Zubereitungszeit ca. 90 Minuten
plus 40 Minuten Kühlzeit,
8–10 Minuten Backzeit,
5–6 Stunden bzw. über Nacht
Gefrierzeit und ca. 45 Minuten
Auftauzeit

Ergibt 6 Törtchen
Für den Teig
80 g Weizenmehl (Type 405) plus
   Mehl zum Bestäuben
50 g kalte Butter
20 g Zucker
1 Eigelb (Größe M)
Für den Fruchtkern
1 Blatt weiße Gelatine
100 g Erdbeeren
50 ml Holunderblütensirup
Für die Creme
1 ½ Blatt weiße Gelatine
135 g Sahne
5 g Zucker
50 ml Buttermilch
110 g weiße Kuvertüre

Für den Teig das **Mehl** auf die Arbeitsfläche sieben. Die **Butter** klein würfeln, zusammen mit **Zucker** und **Eigelb** zum Mehl geben und alles mit den Händen zügig verkneten. Den Teig zu einem Rechteck formen, in Frischhaltefolie wickeln und 30 Minuten kalt stellen. ❖ Den Backofen auf 180 °C Ober-/Unterhitze vorheizen. Ein kleineres Backblech mit Backpapier auslegen. ❖ Den Teig auf einer **bemehlten** Arbeitsfläche etwa 5 mm dick ausrollen und mit dem Ausstecher sechs Kreise (à Ø 5 cm) ausstechen. Die Teigkreise auf das vorbereitete Backblech legen und 10 Minuten kalt stellen. (Die Teigreste entweder zu Keksen backen oder für eine spätere Verwendung einfrieren.) ❖ Das Backblech mit den Teigkreisen in den vorgeheizten Ofen geben und 8–10 Minuten goldbraun backen. Herausnehmen, die Böden auf ein Kuchengitter heben und auskühlen lassen. ❖ Für den Fruchtkern die **Gelatine** in kaltem Wasser einweichen. Die **Erdbeeren** waschen, entstielen und die Früchte klein schneiden. In einen hohen Mixbecher füllen und mit dem Stabmixer fein pürieren. ❖ Das Erdbeerpüree in einen Topf geben, den **Holunderblütensirup** zugießen und erwärmen. Die Gelatine gut ausdrücken und in der Erdbeermischung auflösen. Die Fruchtmasse in sechs halbkugelfömige Mulden der Cake-Pop-Form füllen und 5–6 Stunden im Gefrierfach fest werden lassen. ❖ Für die Creme die **Gelatine** in kaltem Wasser einweichen. Die **Sahne** mit dem **Zucker** halbfest aufschlagen. Die **Buttermilch** in einem Topf erwärmen, dann die **Kuvertüre** darin auflösen und vom Herd nehmen. Die Gelatine gut ausdrücken, in die Buttermilchmischung geben und auflösen. Die Sahne unterheben. ❖ Die Buttermilchmasse gleichmäßig auf die sechs Mulden der Silikonform

FORTSETZUNG auf der nächsten Seite.

Zu diesen Spiegeltörtchen inspirierte mich beim Windowshopping in Paris ein Paar Lackschuhe von Christian Louboutin. Sehr zur Freude meines Mannes.

FORTSETZUNG

Für die Mirror-Glace
4 Blatt weiße Gelatine
120 g weiße Kuvertüre
100 g Zucker
100 g Glukosesirup
½ TL rote Lebensmittel-Gelfarbe
    (siehe Seite 207)
80 g Sahne
Für die Deko
Erdbeeren
Holunderblütendolden
Außerdem
runder Ausstecher (Ø 5 cm)
untere Hälfte einer Cake-Pop-
    Backform aus Silikon mit
    20 halbkugelförmigen Mulden
    (à Ø 3,5 cm, siehe Seite 207)
Silikonbackform mit 6 halb-
    kugelförmgen Mulden
    (à Ø ca. 7 cm)
Küchenthermometer

(à Ø etwa 7 cm) verteilen und 10 Minuten im Gefrierfach anfrieren lassen. ❖ Die kleinen Erdbeerhalbkugeln aus dem Gefrierfach nehmen und aus den Formen drücken. Die Fruchtkerne mit den Rundungen nach unten in die Mulden mit der schon etwas angefrorenen Buttermilchmasse setzen und hineindrücken. Darauf als Abschluss die Keksböden legen und die Form über Nacht ins Gefrierfach stellen. ❖ Am nächsten Tag für die Mirror-Glace die **Gelatine** in kaltem Wasser einweichen. Die **Kuvertüre** klein hacken. 50 ml Wasser mit **Zucker** und **Glukosesirup** aufkochen, bis sich der Zucker aufgelöst hat. Den Topf vom Herd nehmen, die Kuvertüre zugeben und auflösen. Dann die ausgedrückte Gelatine zusammen mit der **Gelfarbe** hinzufügen und auflösen. ❖ Die **Sahne** in einen hohen Mixbecher geben, die Farbmischung zugießen und mit dem Stabmixer auf kleinster Stufe mixen, bis die Masse homogen emulgiert ist, dabei darauf achten, dass sich keine Bläschen bilden – um eventuelle Bläschen zu entfernen, kann die Glasur durch ein feines Sieb passiert werden. Mit dem Thermometer die Temperatur kontrollieren. Um eine schöne, glatte und gleichmäßig glänzende Glasur zu bekommen, braucht diese eine Temperatur zwischen 30–36 °C. ❖ Sechs Gläser, deren Böden kleiner sind als der Durchmesser der Törtchen, umgedreht auf ein Backblech setzen. Die gefrorenen Buttermilchtörtchen aus dem Gefrierfach nehmen, aus den Formen drücken und sofort auf die umgedrehten Gläser setzen. Die Mirror-Glace am höchsten Punkt der Halbkugeln beginnend großzügig (und ohne große Bewegungen) über die Törtchen fließen lassen. ❖ Die Glasur abtropfen lassen, mit einem Palettenmesser überhängende Glasur abnehmen und trocknen lassen. Zum Servieren auf eine Kuchenplatte setzen und etwa 45 Minuten auftauen lassen. Dann mit **Erdbeeren** und **Holunderblütendolden** dekorieren und servieren.

KLEINE NUSSTORTE
mit Schokoladenzaun

Zubereitungszeit ca. 60 Minuten plus ca. 45 Minuten Kühlzeit und ca. 40 Minuten Backzeit

Ergibt 1 kleine Torte

Für den Schokoladenzaun
250 g Weizenmehl (Type 405)
70 g Zucker
120 g kalte Butter, in kleine Stücke geschnitten
1 Ei (Größe M)
150 g Zartbitterkuvertüre
1–2 EL Pistaziengrieß (nach Belieben)

Für den Teig
100 g weiche Butter plus Butter zum Einfetten
4 zimmerwarme Eier (Größe M)
80 g feiner Rohrohrzucker
2 Msp. Bioorangenabrieb
100 g Schichtkäse
1 Prise Salz
40 g gemahlene Haselnusskerne
60 g gemahlene Mandelkerne

Den Backofen auf 180 °C Ober-/Unterhitze vorheizen. ❖ Für den Schokoladenzaun **Mehl, Zucker, Butterstückchen** und **Ei** in eine Schüssel geben und mit den Händen zu einem Teig verkneten. Zu einem flachen dicken Rechteck formen, in Frischhaltefolie einschlagen und etwa 45 Minuten kalt stellen. ❖ Das Teigstück halbieren und die Teigportionen auf jeweils einem Bogen Backpapier etwa 4 mm dick ausrollen. Mit einem Messer in 5 cm breite Streifen schneiden und diese quer in jeweils 1 cm breite Stäbchen schneiden. Es werden circa 55 Stäbchen benötigt. ❖ Ein Backblech mit Backpapier auslegen und die Teigstäbchen mit etwas Abstand dazwischen darauf verteilen. Im vorgeheizten Ofen etwa 10 Minuten goldgelb backen. Herausnehmen und auf einem Kuchengitter abkühlen lassen. ❖ Die **Kuvertüre** hacken, in eine hitzebeständige Schüssel geben und im Wasserbad (Temperatur unter dem Siedepunkt halten) schmelzen. Die abgekühlten Stäbchen mit Kuvertüre bestreichen, nach Belieben mit dem **Pistaziengrieß** bestreuen und auf dem Kuchengitter trocknen lassen. ❖ Den Backofen auf 180 °C Ober-/Unterhitze vorheizen. Die Springformböden mit Backpapier auslegen und die Formränder mit **Butter** ausstreichen. ❖ Für den Teig die **Eier** trennen. **Butter** mit **Zucker** und **Orangenabrieb** in einer Schüssel schaumig rühren. Nach und nach das Eigelb unter Rühren in die Buttermasse geben. Dann den **Schichtkäse** kurz unterrühren. ❖ Das Eiweiß mit dem **Salz** steif schlagen. Eischnee, **Haselnüsse** und **Mandeln** abwechselnd unter die Schichtkäsemischung heben. ❖ Die Masse gleichmäßig auf beide

FORTSETZUNG auf der nächsten Seite.

Bei diesem Tortenträumchen stand der gute Geist meiner Großmutter Maria Pate beziehungsweise das Rezept für ihre spitzenmäßige Quarktorte. Der Clou dabei: Geriebene Haselnüsse und Mandelkerne statt Weizenmehl machen den Teig superfluffig. Peace, Oma!

FORTSETZUNG

Für Füllung und Topping
150–200 g Fruchtaufstrich (z. B.
   Aprikose oder Orange), passiert
80 g Zartbitterkuvertüre
Pistaziengrieß zum Bestreuen
   (nach Belieben)
Außerdem
2 runde Springformen (à Ø 16 cm)

vorbereiteten Springformen verteilen und die Oberflächen glatt streichen. Beide Formen auf die mittlere Schiene des vorgeheizten Ofens schieben und 30 Minuten backen. ❖ Herausnehmen und in den Springformen auf einem Kuchengitter abkühlen lassen. Die Böden mit einem Messer vom Rand lösen und aus den Formen nehmen. Falls nötig, die Oberflächen begradigen. ❖ Für die Füllung den **Fruchtaufstrich** in einem Topf erwärmen. ❖ Einen Boden wenden, auf einen Bogen Backpapier legen und das Backpapier abziehen. Den Fruchtaufstrich gleichmäßig auf der Oberfläche verteilen. Den zweiten Boden ebenfalls umdrehen und auf den mit Fruchtaufstrich bestrichenen Boden setzen. Das Backpapier abziehen und die Oberfläche sowie den Rand rundum gleichmäßig mit Fruchtaufstrich bestreichen. ❖ Die Schokoladenstäbchen dicht nebeneinander als Zaun an den Kuchenrand drücken. Für das Topping mit einem Sparschäler von der **Kuvertüre** Späne abziehen und die Tortenoberfläche damit gleichmäßig bestreuen. Nach Belieben mit **Pistaziengrieß** verzieren.

❖ ❖ ❖

TIPP Der Geschmack der Haselnüsse und Mandeln wird intensiver, wenn sie vorab in einer Pfanne ohne Fettzugabe angeröstet werden. Den übrigen Zaunteig in einen Gefrierbeutel geben, einfrieren und bei nächster Gelegenheit verwerten – zum Beispiel für einen schnellen Kaffeekeks!

SAUERRAHMTÖRTCHEN
geschichtet mit Erdbeeren und Kokosspänen

Zubereitungszeit ca. 45 Minuten plus ca. 35 Minuten Backzeit und 5 Stunden Kühlzeit

Ergibt 4 Törtchen
Für den Teig
140 g weiche Butter plus Butter zum Einfetten
140 g Weizenmehl (Type 405) plus Mehl zum Bestäuben
140 g Zucker
4 Eier (Größe M), getrennt
1 Prise Salz

Für die Creme
1 ½ Blatt weiße Gelatine
250 g saure Sahne
1–2 EL Zucker
3–4 Msp. Biolimettenabrieb
1 EL Limettensaft
1 EL Limoncello oder Kokoslikör
100 g Sahne
10 g Bourbon-Vanillezucker
120 g Erdbeerfruchtaufstrich, passiert

Für das Topping
250 g kleine Erdbeeren
100 g grobe Kokospäne (nach Belieben)

Außerdem
12er-Minitörtchen-Backblech mit einzeln abnehmbaren Ringen (Ø 8,5 cm, 7,5 cm Höhe; siehe Seite 207)

Den Backofen auf 180 °C Ober-/Unterhitze vorheizen. Vier Förmchen des Backblechs mit **Butter** ausstreichen und mit **Mehl** ausstäuben. ❖ Für den Teig **Butter** und **Zucker** in eine Schüssel geben und mit dem Handmixer schaumig rühren. Nach und nach das **Eigelb** einarbeiten. ❖ Das **Eiweiß** mit dem **Salz** zu Schnee steif schlagen. Dann Eischnee und Mehl abwechselnd unter die Buttermasse heben. Den Teig gleichmäßig auf die vorbereiteten Förmchen verteilen und im vorgeheizten Ofen etwa 35 Minuten backen. ❖ Herausnehmen und in den Förmchen auf einem Kuchengitter abkühlen lassen. Vorsichtig aus den Formen lösen und, falls nötig, die Oberflächen begradigen. Dann die Küchlein waagerecht zweimal durchschneiden, sodass man drei kleine Böden erhält. In Frischhaltefolie wickeln und 3 Stunden im Kühlschrank kalt stellen. ❖ Für die Creme die **Gelatine** in kaltem Wasser einweichen. **Saure Sahne** mit **Zucker, Limettenabrieb** und **-saft** verrühren. Die Gelatine gut ausdrücken, mit dem **Limoncello** in einen kleinen Topf geben und durch leichtes Erwärmen auflösen. ❖ Die **Sahne** mit dem **Vanillezucker** steif schlagen. Etwas Sahne unter die Gelatinemischung rühren und dann in die Saure-Sahne-Masse einarbeiten. Die restliche Sahne ebenfalls unterheben. ❖ Von den Küchlein die unteren Böden in vier Ringe der Form legen. Etwas Creme einfüllen und darauf etwa 1 TL **Erdbeerfruchtaufstrich** geben. Die mittleren Böden aufsetzen, wieder mit der Creme füllen und Erdbeerfruchtaufstrich daraufgeben. Abschließend die oberen Böden aufsetzen und mit der restlichen Creme bestreichen. 2 Stunden im Kühlschrank kalt stellen. ❖ Nach der Kühlzeit für das Topping die **Erdbeeren** waschen, entstielen und abtropfen lassen. Die Ringe vorsichtig von den Sauerrahmtörtchen abziehen, die Törtchen mit den Erdbeeren belegen und nach Belieben mit den **Kokospänen** bestreuen.

TIPP Das Kokosaroma wird intensiver, wenn die Kokosspäne vorher in einer Pfanne ohne Fettzugabe angeröstet werden.

TÖRTCHEN À LA
Concorde

Zubereitungszeit ca. 90 Minuten plus 105–110 Minuten Backzeit, 4 Stunden Gefrierzeit und 45 Minuten Auftauzeit

Ergibt 6 Törtchen
Für die Baisers
2 zimmerwarme Eiweiß (Größe M)
1 Msp. Salz
1 Spritzer Zitronensaft
60 g Puderzucker
Für die Schokoladencreme
2 Blatt weiße Gelatine
50 g Vollmilchkuvertüre
100 g Zartbitterkuvertüre
2 Eigelb (Größe M)
20 g Zucker
220 g Sahne
1 EL Grand Marnier oder
   Orangensaft

Den Backofen auf 150 °C Ober-/Unterhitze vorheizen. Ein Backblech mit Backpapier auslegen. ❖ Für die Baisers das **Eiweiß** mit **Salz** und **Zitronensaft** mit dem Handmixer halbsteif schlagen. Dann den **Puderzucker** in zwei Portionen zugeben und 3–5 Minuten auf höchster Stufe weiterschlagen, bis ein glänzender fester Eischnee entstanden ist. Den Eischnee in den Spritzbeutel mit Lochtülle füllen und auf das vorbereitete Backblech kleine Tupfen spritzen. ❖ Die Temperatur auf 100 °C reduzieren, das Blech in den Ofen schieben, dabei einen Kochlöffel zwischen Ofen und Ofentür stecken und 90 Minuten backen. Dann den Backofen ausschalten und die Baisers im Ofen vollständig auskühlen lassen. ❖ Für die Schokoladencreme die **Gelatine** in kaltem Wasser einweichen. Beide **Kuvertüren** zusammen in eine große hitzebeständige Schüssel geben und im Wasserbad (Temperatur unter dem Siedepunkt halten) schmelzen. Vom Wasserbad nehmen. ❖ Das **Eigelb** mit dem **Zucker** ebenfalls in eine hitzebeständige Schüssel geben und auf einem Wasserbad mit dem Handmixer hell und cremig aufschlagen. Dann 50 g **Sahne** unter ständigem Rühren in die Eigelbmasse rühren. ❖ Die restliche **Sahne** halbfest aufschlagen. Den **Grand Marnier** in einem kleinen Topf erwärmen. Vom Herd nehmen, die Gelatine gut ausdrücken und darin auflösen. 1–2 EL geschlagene Sahne unter die aufgelöste Gelatine rühren und dann die Mischung unter die geschlagene Sahne ziehen. ❖ Die Eigelbmasse in die geschmolzene Kuvertüre einrühren und dann portionsweise die Sahnemischung unterheben. ❖ Die Schokoladencreme auf die

FORTSETZUNG auf der nächsten Seite.

Das Originalrezept der Concorde-Torte besteht aus Baiserböden,
Schokoladencreme und Baiserummantelung. Lecker! Aber mir ist
es etwas zu viel Baiser, daher sitzt in meiner Version die Creme
auf saftigem Wiener Schokobiskuit.

FORTSETZUNG

Für den Biskuit
60 g Butter plus Butter
   zum Einfetten
3 zimmerwarme Eier (Größe M)
70 g Zucker
70 g Weizenmehl (Type 405)
1 EL ungesüßtes Kakaopulver
   (Poudre de Cacao; siehe
   Seite 207)

Außerdem
Spritzbeutel mit 8-mm-Lochtülle
Silikonbackform mit 6 halbkugel-
   förmigen Mulden (à Ø 7 cm)
runde Springform (Ø 26 cm)
runder Ausstecher (Ø 7 cm)

sechs Halbkugeln der Backform verteilen, mit einem Palettenmesser glatt streichen und 4 Stunden ins Gefrierfach stellen. ❖ Den Backofen auf 180 °C Umluft vorheizen. Den Boden der Springform mit Backpapier auslegen und den Rand mit **Butter** einfetten. ❖ Für den Biskuit die **Butter** in einem Topf langsam zerlassen und beiseitestellen. ❖ Die **Eier** mit dem **Zucker** in eine hitzebeständige Schüssel geben und im Wasserbad (Temperatur unter dem Siedepunkt halten) mit dem Schneebesen so lange schaumig rühren, bis sich der Zucker aufgelöst hat und die Masse handwarm ist. ❖ Die Schüssel vom Wasserbad nehmen und die Eiermasse etwa 10 Minuten mit dem Handmixer aufschlagen – das Volumen sollte stark zunehmen und die Masse lauwarm sein. ❖ **Mehl** und **Kakaopulver** mischen, sieben und mit einem Teigschaber in drei Portionen vorsichtig unterheben. Dann die zerlassene **Butter** behutsam unterziehen. In die vorbereitete Form füllen und im vorgeheizten Ofen 15–20 Minuten backen. ❖ Herausnehmen und in der Form auskühlen lassen. Den Schokobiskuit aus der Form lösen und, falls nötig, die Oberfläche begradigen. Dann mit dem Ausstecher sechs Kreise (à Ø 7 cm) aus dem Schokobiskuit stechen. (Die Biskuitreste anderweitig verwenden.) ❖ Die Silikonform aus dem Gefrierfach nehmen und die Cremehalbkugeln aus den Formen drücken. Je eine Cremehalbkugel auf einen Schokobiskuitboden setzen und etwa 45 Minuten ruhen lassen, damit die Creme auftaut. Zum Schluss mit dem Baiser rundum dekorieren und servieren.

Gewickelte
KAFFEE-FEIGEN-TÖRTCHEN

Zubereitungszeit 75 Minuten plus 10–15 Minuten Backzeit und 3 Stunden Kühlzeit

Ergibt 3 Törtchen
Für den Biskuit
70 g Weizenmehl (Type 405)
30 g Mandelgrieß
6 zimmerwarme Eier (Größe M)
80 g Zucker plus Zucker
   zum Bestreuen
20 g Speisestärke
1 Prise Salz
Für die Füllung
100 ml Kaffee-Feigen-Likör
   (siehe Seite 97)
200 g Birnen-Feigen-Aufstrich
   (siehe Seite 97)
Für die Creme
180 g gut gekühlte Sahne
40 g brauner Zucker
1 Pck. Bourbon-Vanillezucker
1 g gewalzter Kaffee (siehe
   Seite 207)
1 Msp. gemahlener Zimt
250 g gut gekühlter Mascarpone

Den Backofen auf 180 °C Umluft vorheizen. Das Backblech mit Backpapier auslegen – nicht einfetten! ❖ Für den Biskuit **Mehl** und **Mandelgrieß** in eine Schüssel sieben. Die **Eier** trennen. Das Eigelb mit 40 g **Zucker** in eine Schüssel geben und mit dem Handmixer hell und schaumig aufschlagen. ❖ Den restlichen **Zucker** mit der **Stärke** vermischen. Das Eiweiß mit dem **Salz** zu steifem Schnee schlagen, dabei die Stärkemischung löffelweise zugeben. Den Eischnee mit dem Schneebesen locker unter die Eigelbmasse heben. ❖ Dann die Mehlmischung unter die Masse ziehen und den Teig in das vorbereitete Backblech füllen. Die Oberfläche glatt streichen und im vorgeheizten Ofen auf der zweiten Schiene von unten 10–15 Minuten backen. ❖ Zwei Geschirrtücher anfeuchten. Ein Geschirrtuch auf ein großes Küchenbrett legen und mit **Zucker** bestreuen. Das Blech aus dem Ofen nehmen und auf das Tuch stürzen. Das Backpapier vorsichtig abziehen und den Biskuit mit dem zweiten Tuch abdecken. Mit den Tüchern von der kurzen Kante her aufrollen und abkühlen lassen. ❖ Den Biskuit vorsichtig entrollen und das obere Tuch entfernen. Dann für die Füllung mithilfe eines Küchenpinsels den Boden mit dem **Kaffee-Feigen-Likör** tränken und mit dem **Birnen-Feigen-Aufstrich** bestreichen. Eng aufrollen, mit dem Geschirrtuch umwickeln und etwa 90 Minuten kalt stellen. ❖ In der Zwischenzeit für die Creme die **Sahne** mit **Zucker** und **Vanillezucker** mit dem Handmixer halbfest aufschlagen. **Kaffee** und **Zimt** unterrühren. Den **Mascarpone** zur gewürzten Sahne geben und kurz glatt rühren. ❖ Das Geschirrtuch von der Biskuitrolle abnehmen, die Enden begradigen und die Rolle in drei gleich große Stücke (à etwa 7 cm) schneiden. Mit den Schnittflächen nach oben auf eine Platte oder einen Teller setzen und die Törtchen mit

FORTSETZUNG auf der nächsten Seite.

FORTSETZUNG

Für die Deko
80 g Zartbitterkuvertüre
3 frische blaue Feigen
essbare Blüten nach Wahl
Außerdem
kleines Backblech (32 × 46 cm)
Einwegspritzbeutel

der Creme bestreichen, dabei von oben beginnen und die Creme mit einem Palettenmesser rundum gleichmäßig verteilen. 90 Minuten im Kühlschrank kalt stellen. ❖ Für die Deko die **Kuvertüre** in eine hitzebeständige Schüssel geben und im Wasserbad (Temperatur unter dem Siedepunkt halten) schmelzen. Lippenwarm abkühlen lassen, in den Spritzbeutel füllen und die Spitze ein wenig abschneiden. Die Kuvertüre auf den oberen Rand der Törtchen so aufspritzen, dass sie in Tropfen nach unten fließt. ❖ Die **Feigen** halbieren, dekorativ auf die Törtchen setzen und mit Blüten bestreuen.

**Zubereitungszeit 10 Minuten
plus 48 Stunden Ruhezeit**

Ergibt ca. 400 ml
100 g getrocknete Feigen
160 g Zucker
6 g gewalzter Kaffee (siehe
   Seite 207)
1 Zimtstange
2 Pimentkörner
2 Gewürznelken
1 Prise geriebene Muskatnuss
¼ Vanillestange
400 ml Wodka

Kaffee-Feigen-Likör Alle **Zutaten** in einen Topf geben, aufkochen und rühren, bis sich der Zucker aufgelöst hat. Dann die Masse abkühlen und 48 Stunden ziehen lassen. ❖ Den Likör durch ein feines Sieb abgießen, in eine saubere Flasche füllen und verschließen. Im Kühlschrank aufbewahren.

**Zubereitungszeit ca. 35 Minuten
plus 60 Minuten Ruhezeit**

Ergibt 5–6 Gläser
210 g getrocknete Soft-Feigen
230 ml Orangensaft
1,2 kg reife Birnen (z. B. Forellen-
   birnen oder Kaiser Alexander)
4 EL Birnengeist
½ Vanillestange
400 g Gelierzucker (3:1)
1 Prise gemahlener Zimt
Außerdem
5–6 sterilisierte Gläser mit
   Schraubverschluss
   (à 225 ml Inhalt)

Birnen-Feigen-Aufstrich Die **Soft-Feigen** würfeln, in eine große Schüssel geben und mit dem **Orangensaft** begießen. ❖ Die **Birnen** vierteln, schälen, entkernen und in kleine Stücke schneiden. 800 g Birnenfruchtfleisch abwiegen und zu den Feigenstücken geben. Den **Birnengeist** darüberträufeln und vermengen. ❖ Die **Vanillestange** längs aufschlitzen und das Mark herauskratzen. Vanillemark und -stange mit dem **Gelierzucker** unter die Feigen-Birnen-Mischung rühren und etwa 60 Minuten ziehen lassen. ❖ Die Fruchtmischung in einen großen Topf geben, unter Rühren langsam zum Kochen bringen und etwa 5 Minuten kochen. ❖ Die Vanillestange entfernen, den **Zimt** zugeben und die heiße Masse mit dem Stabmixer pürieren. Den fertigen Aufstrich in die Gläser füllen und sofort verschließen.

BABAS
au rhum

**Zubereitungszeit ca. 40 Minuten
plus 75 Minuten Ruhezeit und
8 Minuten Backzeit**

Ergibt ca. 26 kleine Babas
Für den Teig
150 g Weizenmehl (Type 405)
15 g Zucker
1 Prise Salz
Abrieb von ¼ Biozitrone
5 g frische Hefe, klein zerkrümelt
2 zimmerwarme Eier (Größe M)
50 g weiche Butter, in kleine
    Stücke geschnitten
Für den Rumsirup
½ Vanillestange
300 ml frisch gepresster Orangen-
    saft (von ca. 2 Orangen)
Abrieb von 1 Bioorange
250 ml Rum
370 g brauner Zucker
1 Zimtstange
Für den Überzug
80 g Orangenmarmelade, passiert
Außerdem
Spritzbeutel ohne Tülle
Cake-Pop-Backform aus Silikon mit
    20 (halb-)kugelförmigen Mulden
    (à Ø 3,5 cm, siehe Seite 207)

Für den Teig das **Mehl** mit **Zucker, Salz, Zitronenabrieb** und **Hefe** in eine Schüssel geben und mit den Knethaken des Handmixers sehr gut durchmischen. Nach und nach die **Eier** hinzufügen. Dann bei laufendem Gerät die **Butterstückchen** einarbeiten. Abdecken und den Hefeteig 30 Minuten an einem warmen Ort gehen lassen. ❖ Den Teig mit einer Teigkarte falten, in den Spritzbeutel ohne Tülle füllen und etwa 26 Mulden der Cake-Pop-Formhälften zu einem Drittel befüllen. Nochmals etwa 45 Minuten gehen lassen, bis der Teig stark aufgegangen ist. ❖ Inzwischen den Backofen auf 180 °C Ober-/Unterhitze vorheizen. ❖ Die Form in den vorgeheizten Ofen geben und etwa 8 Minuten goldbraun backen. ❖ Herausnehmen und die Babas in der Form auf einem Kuchengitter etwas abkühlen lassen. ❖ In der Zwischenzeit für den Rumsirup die **Vanillestange** längs aufschlitzen und das Mark mit einem Messer auskratzen. Vanillemark und -stange mit **Orangensaft, -abrieb, Rum, Zucker** und **Zimt** in einen Topf geben, mit 200 ml Wasser auffüllen und aufkochen. Bei niedriger Hitze 5 Minuten köcheln lassen. Den Topf vom Herd nehmen und den Rumsirup 10 Minuten ziehen lassen. Dann durch ein Sieb in ein hohes Gefäß gießen und beiseitestellen. ❖ Die Babas aus den Mulden lösen, in ein großes Einmachglas oder eine hohe Auflaufform schichten, mit dem noch lauwarmen Rumsirup begießen und etwa 2 Stunden ziehen lassen, bis die Babas den Sirup aufgenommen haben. Vorsichtig herausnehmen und auf ein Kuchengitter setzen. ❖ Für den Überzug die **Orangenmarmelade** in einem Topf erhitzen und die Köpfchen der Babas dünn damit bestreichen.

❖ ❖ ❖

TIPP Diese Babas haben mich fasziniert – in Paris sieht man in vielen Schaufenstern Gläser mit diesem sirupgetränkten Gebäck. Mir schmeckt die frische selbst gemachte Variante aber noch besser, am liebsten mit einem Klecks frischer Sahne serviert.

TIPP Die Blondies können auch ganz klassisch in einem kleinen Blech gebacken werden. Das restliche Karamell anderweitig verwenden.

BLONDIES
mit weißer Schokolade, Kokos und Karamell-Popcorn

Zubereitungszeit ca. 60 Minuten plus ca. 30 Minuten Backzeit

Ergibt 8 Stücke

Für das Karamell-Popcorn
100 g kalte Butter
220 g Zucker
150 g Sahne
2 EL Rapsöl oder Sonnenblumenöl
200 g Popcorn-Maiskörner

Für den Teig
125 g Butter plus Butter
    zum Einfetten
50 g weiße Kuvertüre
170 g Weizenmehl (Type 405)
1 TL Backpulver (3,5 g)
70 g brauner Zucker
30 g Kokosraspel
2 zimmerwarme Eier (Größe M)
70 ml Milch
Saft und Abrieb von 1 Biolimette

Außerdem
runde Springform oder Silikonback-
    form (Ø 20 cm)

Für das Karamell-Popcorn die **Butter** in kleine Würfel schneiden. Den **Zucker** in einen Topf geben und auf mittlerer Stufe erhitzen, bis er geschmolzen ist und eine goldbraune Farbe angenommen hat. ❖ Die Butterwürfel zugeben und kräftig mit dem Schneebesen rühren, bis sie geschmolzen sind. Dann die **Sahne** zugießen und weiterrühren, bis die Masse glatt ist. Das Karamell in ein Glas füllen und abkühlen lassen. ❖ Das **Öl** in einen hohen Topf geben und erhitzen. Dann die **Maiskörner** hineingeben und sofort den Deckel aufsetzen. Sobald man hört, dass die Körner aufpoppen, den Herd ausstellen. Den Deckel so lange geschlossen halten, bis alle Körner aufgepoppt sind. Das Popcorn lauwarm abkühlen lassen. ❖ Inzwischen den Backofen auf 150 °C Ober-/Unterhitze vorheizen. Ein Backblech mit Backpapier auslegen. ❖ Das Popcorn in eine Schüssel geben, etwa 150 g Karamell darübertäufeln und gut vermischen. Das Karamell-Popcorn gleichmäßig auf dem vorbereiteten Blech verteilen und etwa 15 Minuten im vorgeheizten Ofen backen. ❖ Herausnehmen und auf dem Backblech auskühlen lassen. ❖ Für den Teig den Backofen auf 180 °C Ober-/Unterhitze vorheizen. Den Boden der Springform mit Backpapier auslegen und den Rand mit **Butter** einfetten. ❖ **Butter** und **weiße Kuvertüre** in einen kleinen Topf geben und bei niedriger Hitze schmelzen. ❖ **Mehl, Backpulver, Zucker** und **Kokosraspel** in einer Schüssel mischen. **Eier, Milch, Limettensaft** und **-abrieb** mit der Kuvertürenbutter zugeben und mit dem Handmixer alles gut verrühren. Den Teig in die vorbereitete Form füllen, glatt streichen und im vorgeheizten Ofen etwa 15 Minuten backen. ❖ Herausnehmen, reichlich Karamell-Popcorn auf den noch heißen Kuchen streuen und abkühlen lassen. ❖ Den Springformrand abnehmen und vor dem Servieren noch 1–2 EL Karamell über das Popcorn träufeln.

BRATAPFEL-CUPCAKES
mit zweierlei Topping

Zubereitungszeit ca. 45 Minuten plus 20–25 Minuten Backzeit

Ergibt 12 Cupcakes
Für den Teig
Butter zum Einfetten
1 kleinerer Apfel (ca. 100 g)
1 TL gemahlener Zimt
1 Prise gemahlene Gewürznelke
1 TL Bourbon-Vanillezucker
1 Msp. frisch geriebene Ingwerwurzel
¼ TL Bioorangenabrieb
½ TL Biozitronenabrieb
20 g Mandelblättchen
60 g Marzipanrohmasse
120 g Weizenmehl (Type 405)
1 ½ TL Backpulver (4 g)
50 g brauner Zucker
4 Eier (Größe M)
120 ml Rapsöl oder Sonnenblumenöl
Für die Vanillecreme
90 g weiche Butter
40 g Puderzucker
10 g Bourbon-Vanillezucker
80 g zimmerwarmer
    Doppelrahmfrischkäse
¼ TL Biozitronenabrieb
Für die Schoko-Rum-Creme
90 g weiche Butter
50 g Puderzucker
1 EL ungesüßtes Kakaopulver
    (Poudre de Cacao; siehe Seite 207)
1 EL Rum
80 g Doppelrahmfrischkäse
Außerdem
12er-Muffinblech
    (Mulden à Ø 7 cm) oder
    12 Muffin-Papierbackförmchen
Doppelkammerspritzbeutel mit
    6-mm-Rosentülle (siehe Seite 207)

Den Backofen auf 190 °C Ober-/Unterhitze vorheizen. Die Mulden des Muffinblechs mit **Butter** ausstreichen. ❖ Für den Teig den **Apfel** waschen, schälen, vierteln und grob in eine Schüssel reiben. **Zimt, Nelke, Vanillezucker, Ingwer, Orangen- und Zitronenabrieb** sowie **Mandeln** zugeben und mischen. ❖ Aus dem **Marzipan** zwölf kleine Kugeln (à etwa 5 g) formen und beiseitestellen. ❖ Das **Mehl** mit dem **Backpulver** in einer Schüssel mischen. **Zucker, Eier** und **Öl** in einer anderen Schüssel mit dem Handmixer verrühren. Die Mehlmischung zugeben und nur so lange verrühren, bis alles soeben vermischt ist – nicht zu lange rühren, sonst wird der Teig nicht locker. Zuletzt die Apfelmischung unterheben. ❖ Die Mulden des vorbereiteten Muffinblechs zu zwei Dritteln mit dem Teig füllen, die Marzipankugeln mittig in den Teig drücken und im vorgeheizten Ofen 20–25 Minuten backen. ❖ Herausnehmen und die Bratapfel-Cupcakes in der Form auf einem Kuchengitter auskühlen lassen. ❖ Für die Vanillecreme die **Butter** mit **Puderzucker** und **Vanillezucker** cremig rühren. **Frischkäse** und **Zitronenabrieb** zugeben und verrühren. ❖ Für die Schoko-Rum-Creme die **Butter** mit **Puderzucker, Kakaopulver** und **Rum** cremig rühren. Dann den **Frischkäse** einarbeiten. ❖ Für das Topping die beiden Cremes in den Doppelkammerspritzbeutel mit Rosentülle füllen und dekorative Häubchen auf die Bratapfel-Cupcakes spritzen. Kühl aufbewahren oder sofort genießen.

102 Backzeit · Gut Ding will Weile haben

TIPP Wer Lust hat, kann mit einem noch üppigeren Topping dekorieren, zum Beispiel mit gerösteten Kokosraspeln, gehackter Schokolade, Himbeeren, essbaren Blüten oder kleinen Minzblättchen. Ich schichte die Füllungen in der Backform auf den Kuchen, so können die Schichten nicht verrutschen.

POKE CAKE
mit Himbeer-Granatapfel- Füllung

Zubereitungszeit ca. 30 Minuten plus 15–20 Minuten Backzeit und 1–2 Stunden Kühlzeit

Ergibt 1 kleinen Kuchen
Für den Teig
Butter zum Einfetten
80 g Weizenmehl (Type 405)
½ TL Backpulver
15 g Kokosraspel
40 g brauner Zucker
60 ml Rapsöl oder Sonnenblumenöl
60 ml saure Sahne
1 Ei (Größe M)
Abrieb von ¼ Biolimette
1 TL Bourbon-Vanillezucker
1 Msp. frisch geriebene Ingwerwurzel
Für die Füllung
40 g weiße Kuvertüre, gehackt
140 g Himbeer-Granatapfel-Gelee
    (siehe Rezept unten)
Für das Topping
120 g Mascarpone
120 g Ricotta
2 EL Puderzucker
2 EL ungezuckerte Kondensmilch
1 Prise gemahlener Zimt
Außerdem
quadratische Backform (15 × 15 cm,
    Höhe 10 cm; siehe Seite 207; alter-
    nativ Kastenbackform (16 × 8,5 cm))
dicker Holzspieß (mind. Ø 5 mm)
Spritzbeutel mit 4-mm-Lochtülle

Den Backofen auf 180 °C Umluft vorheizen. Die Backform mit **Butter** ausstreichen. ❖ Für den Teig das **Mehl** mit **Backpulver** und **Kokosraspeln** in einer Schüssel vermischen. **Zucker, Öl, saure Sahne, Ei, Limettenabrieb, Vanillezucker** und **Ingwer** zufügen und alle Zutaten mit dem Handmixer gut verrühren. Den Teig in die vorbereitete Form füllen, glatt streichen und im vorgeheizten Ofen 15–20 Minuten backen. ❖ In der Zwischenzeit für die Füllung die **Kuvertüre** in eine hitzebeständige Schüssel geben und im Wasserbad (Temperatur unter dem Siedepunkt halten) schmelzen. Lippenwarm abkühlen lassen und 80 g **Fruchtgelee** einrühren. ❖ Die Backform aus dem Ofen nehmen und in den noch heißen Kuchen mit dem dicken Holzspieß in drei Reihen tiefe Löcher im Abstand von 3 cm einstechen. Die Gelee-Schoko-Masse zügig mit einem Palettenmesser auf dem Kuchen verteilen, dabei auch in die Löcher streichen, und etwa 10 Minuten abkühlen lassen. ❖ Für das Topping den **Mascarpone** mit **Ricotta, Puderzucker** und **Kondensmilch** vermengen, dann den **Zimt** einrühren. Die Oberfläche des Kuchens damit großzügig bestreichen und 1–2 Stunden in der Form kalt stellen. ❖ Den Kuchen mit einem Palettenmesser aus der Form heben. Vor dem Servieren das restliche Gelee erwärmen, in den Spritzbeutel mit Lochtülle füllen und den Poke Cake mit dünnen Linien verzieren.

Zubereitungszeit ca. 15 Minuten

Ergibt ca. 3 Gläser
450 g Himbeeren
200 ml Granatapfelsaft
200 g Gelierzucker (3:1)
Außerdem
3 sterilisierte Gläser mit Schraub-
    verschluss (à 225 g)

Himbeer-Granatapfel-Gelee Die **Himbeeren** verlesen, in einen Topf geben und erhitzen. In einen hohen Mixbecher geben, mit dem Stabmixer pürieren und durch ein feines Sieb streichen. 400 g Himbeerpüree abwiegen und wieder in den Topf geben. ❖ **Granatapfelsaft** und **Gelierzucker** einrühren und etwa 4 Minuten sprudelnd kochen lassen. In die Gläser füllen und verschließen.

KUCHENPARTY
Süßes fürs Buffet

*Geteilte Freude ist doppelte Freude.
Deshalb vernasche ich diese Sweeties
gerade am liebsten mit vielen
Freunden. Für mich sind sie die
Party Animals unter den kleinen Klas-
sikern. Mit einigen haben wir schon
als Kinder gern gefeiert, andere sind
echte Neuentdeckungen.*

BANANEN-KÜCHLEIN
mit Curry

Zubereitungszeit ca. 35 Minuten plus ca. 20 Minuten Backzeit

Ergibt 3 Küchlein

Für den Teig
25 g gemahlene Mandelkerne
50 g weiche Butter plus Butter
    zum Einfetten
½ Vanillestange
Abrieb und Saft von ½ Biolimette
40 g brauner Zucker
30 g Muscovadozucker
1 zimmerwarmes Eigelb (Größe L)
1 reife mittelgroße Banane
    (ca. 100 g ohne Schale)
20 g Marzipanrohmasse
80 g saure Sahne
125 g Weizenmehl (Type 405)
½ TL Backpulver
1 Prise Salz
1 g (1 Espressolöffel) Mumbai-
    Currypulver (siehe Seite 207)

Für das Topping
100 g Zartbitterkuvertüre
100 g Karamellsauce (siehe
    Seite 111)
einige Bananenchips zum
    Dekorieren (nach Belieben)

Außerdem
3 Minigugelhupfformen
    (Ø 10,5 cm, 5 cm Höhe)

Für den Teig die **Mandeln** in einer Pfanne ohne Fettzugabe anrösten und beiseitestellen. ❖ Den Backofen auf 180 °C Ober-/Unterhitze vorheizen. Die kleinen Gugelhupfformen mit **Butter** ausstreichen. ❖ Die **Vanillestange** längs aufschlitzen und das Mark herauskratzen. Vanillemark, **Butter, Limettenabrieb,** beide **Zuckersorten** und **Eigelb** in eine Schüssel geben und mit dem Handmixer verrühren. ❖ Die **Banane** schälen und mit dem **Marzipan** fein zerdrücken. Das Bananenmus mit der **sauren Sahne** in die Buttermischung rühren. ❖ Das **Mehl** mit **Backpulver, Salz, Currypulver** und gerösteten Mandeln vermengen und unter die Bananenmischung heben. Dann den **Limettensaft** einrühren. Den Teig gleichmäßig in die vorbereiteten Formen füllen und im vorgeheizten Ofen auf der mittleren Schiene etwa 20 Minuten backen – kurz vor Ende der Backzeit mit einem Holzspieß eine Garprobe machen. ❖ Herausnehmen, die Gugelhupfe auf ein Kuchengitter stürzen und abkühlen lassen. ❖ Für das Topping die **Kuvertüre** nach Packungsangaben schmelzen und mit einem Löffel Linien über die Küchlein ziehen. Auf die gleiche Weise mit der **Karamellsauce** verfahren. ❖ Die **Bananenchips** in einen Gefrierbeutel geben, zerkleinern und über den noch feuchten Guss streuen.

FORTSETZUNG auf der nächsten Seite.

Madame Véronique und der Duft von Curry: Indische Küche mochte ich schon immer. Besonders angetan haben es mir die sehr exotischen Gewürzmischungen. Bei meinen Bananen-Küchlein aber bitte auf mildes Currypulver achten – ohne Knoblauch oder Zwiebel!

FORTSETZUNG

Zubereitungszeit ca. 25 Minuten

Ergibt ca. 400 g
200 g Zucker
90 g Butter
120 g Sahne

Karamellsauce Den **Zucker** in einen Topf geben und bei mittlerer Hitze schmelzen lassen, dabei nur wenn unbedingt nötig umrühren und darauf achten, dass der Zucker nicht zu dunkel wird, sonst wird das Karamell sehr bitter. ❖ Sobald der Zucker geschmolzen ist und eine goldbraune Farbe angenommen hat, die **Butter** auf einmal zugeben. Die Masse schnell rühren, bis sie homogen ist. ❖ Den Herd ausschalten und die **Sahne** unter Rühren zugießen. So lange rühren, bis alles gut vermischt ist. Die Karamellsauce im Topf etwa 15 Minuten abkühlen lassen und dann in ein Glas mit Schraubdeckel umfüllen.

———————————— ❖ ❖ ❖ ————————————

TIPP Karamellsauce schmeckt selbst gemacht am besten und passt gut zu vielen Rezepten. Sie ist einfach zu kochen und lässt sich im Kühlschrank etwa 3 Wochen aufbewahren. Deshalb habe ich meist ein Glas davon im Kühlschrank stehen. Wenn die Sauce zum Beträufeln von Gebäck zu fest ist, kann man sie in warmem Wasser erwärmen.

AMERIKANER
„*sunny side up*"

Von Kindheit an begeistert mich dieses simple Gebäck, das auf keiner Geburtstagsparty fehlen durfte. In dieser fruchtigen Variante schmeckt es mir allerdings noch besser.

Zubereitungszeit ca. 30 Minuten plus 34 Minuten Backzeit

Ergibt 8–9 Amerikaner
Für den Teig
250 g Weizenmehl (Type 405)
3 TL Backpulver
80 g weiche Butter
80 g Zucker
1 Msp. Vanillemark
Abrieb von ¼ Biozitrone
1 Prise Salz
2 zimmerwarme Eier (Größe L)
150 ml zimmerwarme Milch
   (3,5 % Fett)
Für Glasur und Topping
200 g Puderzucker
Saft von 1 Zitrone
3–4 reife Aprikosen

Den Backofen auf 180 °C Ober-/Unterhitze vorheizen. Zwei Backbleche mit Backpapier auslegen. ❖ Für den Teig das **Mehl** mit dem **Backpulver** mischen und sieben. Die **Butter** in eine Schüssel geben und mit dem Handmixer cremig rühren. **Zucker, Vanillemark, Zitronenabrieb** und **Salz** zugeben und gut verrühren. ❖ Die **Eier** nacheinander bei höchster Geschwindigkeit in die Butter einrühren. Dann abwechselnd 100 ml **Milch** und Mehlmischung zufügen und kurz verrühren. ❖ Die Hälfte des Teigs mit zwei Löffeln in vier oder fünf Teigportionen (je etwa 70 g) auf eines der vorbereiteten Backbleche setzen und mit einem feuchten Löffel zu Halbkugeln nachformen, dabei auf genügend Abstand zwischen den Teigportionen achten. Im vorgeheizten Ofen 12 Minuten backen, dann die vorgebackenen Amerikaner mit der Hälfte der restlichen **Milch** bestreichen und weitere 5 Minuten backen. ❖ Herausnehmen und auf einem Kuchengitter abkühlen lassen. Den restlichen Teig auf die gleiche Weise auf das zweite Backblech setzen und backen. ❖ Für die Glasur **Puderzucker** und **Zitronensaft** mit etwas Wasser zu einem dickflüssigen Guss anrühren. ❖ Für das Topping die **Aprikosen** waschen, halbieren und entsteinen. ❖ Die noch lauwarmen Amerikaner auf der geraden Seite mit der Glasur bestreichen und je eine Aprikosenhälfte mit der Schnittfläche nach unten mittig auf den noch leicht feuchten Guss setzen.

CHEESECAKE
mit Avocado, Rhabarbermantel und Streuseln

Zubereitungszeit ca. 50 Minuten plus 30 Minuten Kühlzeit, 60–65 Minuten Backzeit und Abkühlzeit über Nacht

Ergibt 1 kleinen Kuchen
Für die Streusel
70 g kalte Butter
100 g Zucker
125 g Weizenmehl (Type 405)
50 g Mandelblättchen, geröstet

Für die Cheese-Masse
1 kleine reife Avocado
500 g Doppelrahmfrischkäse
80 g Puderzucker
10 g Bourbon-Vanillezucker
150 g saure Sahne
½ TL Biozitronenabrieb
3 zimmerwarme Eier (Größe M)
50 g Weizenmehl (Type 405)

Für den Rhabarbermantel
100 g Zucker
1 gerade gewachsene
	Rhabarberstange

Außerdem
runde Springform (Ø 15 cm)

Für die Streusel alle **Zutaten** in eine Schüssel geben und mit den Fingern krümelig verarbeiten. Abdecken und 30 Minuten kalt stellen. ❖ Inzwischen den Backofen auf 180 °C Ober-/Unterhitze vorheizen. Ein Backblech mit Backpapier auslegen. ❖ Die Streusel auf dem vorbereiteten Blech verteilen und im vorgeheizten Ofen 10–15 Minuten goldbraun backen. ❖ Herausnehmen, die Streusel auskühlen lassen und beiseitestellen. ❖ Die Backofentemperatur auf 160 °C Ober-/Unterhitze regeln. Den Boden der Springform mit Backpapier auslegen. ❖ Für die Cheese-Masse die **Avocado** schälen, halbieren und entkernen. Von dem Fruchtfleisch 80 g abwiegen und sehr klein würfeln (den Rest anderweitig verwenden). ❖ Die Avocadowürfel mit **Frischkäse, Puderzucker, Vanillezucker, saurer Sahne** und **Zitronenabrieb** in eine Schüssel geben und vermengen. Nach und nach die **Eier** mit dem Handmixer einrühren und zuletzt das **Mehl** unterheben. Die Masse in die vorbereitete Springform geben und glatt streichen. ❖ Eine große Auflaufform mit Wasser füllen und in den Ofen stellen. Die Springform auf der mittleren Schiene in den vorgeheizten Ofen stellen und 50 Minuten backen. Wichtig: Die Ofentür während des Backvorgangs nicht öffnen und den Cheesecake nach der Backzeit über Nacht im geschlossenen Ofen abkühlen lassen. ❖ Herausnehmen, den Cheesecake vorsichtig aus der Springform lösen und auf einen Kuchenteller setzen. ❖ Für den Rhabarbermantel den **Zucker** mit 200 ml Wasser in einen Topf geben und zu einem Sirup einkochen. Die **Rhabarberstange** putzen und mit einem Sparschäler hauchdünne Streifen abziehen. Nacheinander je zwei bis drei Streifen in den Sirup geben und etwa 30 Sekunden köcheln lassen. Die fertigen Rhabarberstreifen glatt auf Küchenpapier legen. ❖ Den Cheesecake mit den Rhabarberstreifen vollständig ummanteln und die Streifen mit etwas Sirup bestreichen. Zum Schluss die Streusel auf der Oberfläche verteilen.

Aprikosen-Nuss-
TARTELETTES

Leipziger Lerchen galten früher als besondere Leckerbissen. Als die Vögelchen jedoch allzu ...

Zubereitungszeit ca. 45 Minuten plus 30 Minuten Kühlzeit und 28–30 Minuten Backzeit

Ergibt 6 Tartelettes

Für den Teig
150 g Weizenmehl (Type 405) plus etwas Mehl zum Bestäuben
40 g brauner Zucker
1 Prise Salz
75 g kalte Butter plus Butter zum Einfetten
1 Eigelb (Größe M)

Für die Füllung
15 g Soft-Aprikosen
100 g Aprikosenfruchtaufstrich
1 TL Mandellikör (z. B. Amaretto)
50 g fein gemahlene, blanchierte Mandelkerne
20 g gemahlene Haselnusskerne
15 g Speisestärke
15 g Weizenmehl (Type 405)
65 g weiche Butter
2–3 Msp. Biozitronenabrieb
2 Eigelb (Größe M)
60 g Puderzucker
3 Eiweiß (Größe M)
1 Prise Salz

Für den Teig **Mehl, Zucker** und **Salz** in einer großen Schüssel vermischen. Die kalte **Butter** in kleine Stücke schneiden, mit dem **Eigelb** zur Mehlmischung geben und mit den Händen zügig zu einem glatten Teig verkneten. Zu einem Rechteck formen, in Frischhaltefolie einwickeln und 30 Minuten kalt stellen. ❖ Inzwischen den Backofen auf 180 °C Ober-/Unterhitze vorheizen. Die Mulden des Muffinblechs mit **Butter** ausstreichen. ❖ Für die Füllung die **Aprikosen** in sehr kleine Stücke schneiden. 80 g **Fruchtaufstrich** und **Mandellikör** zugeben und verrühren. ❖ Ein Nudelholz mit **Mehl** bestäuben. Auf die Arbeitsfläche einen Bogen Backpapier legen und den gekühlten Teig darauf mit dem Nudelholz etwa 4 mm dünn ausrollen. Mit dem Ausstecher sechs Kreise (à Ø 12 cm) ausstechen, in die Vertiefungen der vorbereiteten Form legen und mit einer Gabel mehrmals einstechen. Einen Backpapierkreis in jede Mulde legen und mit **Linsen** füllen. Im vorgeheizten Ofen 8 Minuten blindbacken. ❖ Herausnehmen und das Backpapier mit den Linsen aus den Mulden nehmen. ❖ Inzwischen **Mandeln, Haselnüsse, Speisestärke** und **Mehl** in einer Schüssel mischen. ❖ Die weiche **Butter** mit dem **Zitronenabrieb** in einer Schüssel schaumig rühren, dann nach und nach die **Eigelbe** und 40 g **Puderzucker** unterrühren. ❖ Das **Eiweiß** mit **Salz** und restlichem **Puderzucker** zu steifem Schnee schlagen. Dann Eischnee und Nussmischung abwechselnd unter die Buttermasse heben. ❖ In die noch warmen Böden jeweils 1 TL Aprikosenfüllung geben, darauf 1 gehäuften EL Eiweiß-Nuss-Masse

FORTSETZUNG auf der nächsten Seite.

116 Kuchenparty · Süßes fürs Buffet

... oft als Braten verspeist wurden und man den Vogelfang im Stadt-gebiet verbot, erfand ein Bäcker dieses Gebäck. Ich habe das Rezept etwas modernisiert. Und in Bezug auf diese Geschichte dekoriere ich die Tartelettes gern mit Blättern und Vögeln.

FORTSETZUNG

Für die Deko (nach Belieben)
1 EL Puderzucker
80 g Marzipanrohmasse
ungesüßtes Kakaopulver zum
    Färben (Poudre de Cacao;
    siehe Seite 207)
1 TL Pistaziengrieß
Außerdem
6er-Muffinblech oder 6 Backförm-
    chen (à Ø 7 cm)
runder Ausstecher (Ø 12 cm)
6 Backpapierkreise (à Ø ca. 15 cm)
Linsen oder Backperlen
Ausstecher in Blatt- und Vogelform

setzen. Die Oberflächen mit dem restlichen **Eiweiß** bestreichen und dabei glatt streichen. In den Ofen geben und 20–22 Minuten goldfarben backen. ❖ Herausnehmen und die Form auf einem Kuchengitter etwas abkühlen lassen. Die noch warmen Tartelettes herausheben und mit dem restlichen **Aprikosenfruchtaufstrich** bestreichen. ❖ Nach Belieben für die Deko die Arbeitsfläche mit **Puderzucker** bestreuen. Das **Marzipan** darauf dünn ausrollen, die Hälfte davon in etwa 4 mm dünne Streifen schneiden und als Gitter auf die Oberfläche der Tartelettes legen. Dann aus dem restlichen Marzipan Blätter und kleine Vögel ausstechen und auf die noch feuchte Oberfläche des Gebäcks legen. Wer möchte, kann das Marzipan zum Beispiel mit etwas **Kakaopulver** färben. Die Blätter bekommen eine schöne Struktur, wenn sie noch in den **Pistaziengrieß** gedrückt werden.

Kuchenparty · Süßes fürs Buffet **119**

LAKRITZBAISERS
mit Kirschcremefüllung

Zubereitungszeit ca. 40 Minuten plus 60 Minuten Backzeit, Abkühlzeit über Nacht und 30 Minuten Kühlzeit

Ergibt ca. 20 Stück
Für das Baiser
2 Eiweiß (Größe M)
100 g Zucker
1 Prise Salz
¼ TL Weißweinessig
¾–1 TL Lakritzpulver (siehe Seite 207)
Für die Füllung
100 g weiße Kuvertüre
60 g Sahne
10 g Kirschfruchtpulver (siehe Seite 207)
1 EL Kirschsaft oder Kirschwasser
Außerdem
Spritzbeutel mit 8-mm-Lochtülle
Spritzbeutel mit 4-mm-Lochtülle

Den Backofen auf 150 °C Ober-/Unterhitze vorheizen. Ein Backblech mit Backpapier auslegen. ❖ Für das Baiser das **Eiweiß** mit **Zucker, Salz** und **Essig** in einer hitzebeständigen Schüssel mit dem Schneebesen kurz verrühren, bis sich alle Zutaten soeben verbunden haben. Dann die Baisermasse im Wasserbad (Temperatur unter dem Siedepunkt halten) mit dem Handmixer aufschlagen und auf höchster Stufe weiterrühren, bis sie steif und etwa 50 °C heiß ist. ❖ Vom Wasserbad nehmen, die Baisermasse in eine zweite Schüssel umfüllen und auf höchster Stufe weiterschlagen, bis die Masse kalt ist – das dauert 3–5 Minuten. Zum Schluss das **Lakritzpulver** unterrühren. ❖ Die Baisermasse in den Spritzbeutel mit 8-mm-Lochtülle füllen und auf das vorbereitete Blech etwa 40 kleine Wolken (etwa 4 cm breit und 5 cm hoch) aufspritzen. In den vorgeheizten Ofen schieben, die Temperatur auf 120 °C reduzieren und 60 Minuten backen. ❖ Den Ofen ausstellen und die Lakritzbaisers über Nacht auskühlen lassen – die Ofentür dabei nicht öffnen! ❖ Für die Füllung die **weiße Kuvertüre** grob hacken, in eine hitzebeständige Schüssel geben und im Wasserbad (Temperatur unter dem Siedepunkt halten) schmelzen. Vom Wasserbad nehmen, dann die **Sahne** mit **Kirschfruchtpulver** und **Kirschsaft** in die Kuvertüre rühren. Abdecken und etwa 30 Minuten kalt stellen. ❖ Die Füllung mit dem Handmixer cremig aufschlagen und in den Spritzbeutel mit 4-mm-Lochtülle geben. Die Hälfte der Lakritzbaisers umdrehen und die Kirschcremefüllung auf die geraden Flächen spritzen. Die restlichen Lakritzbaisers mit den geraden Flächen aufsetzen und möglichst frisch genießen.

❖❖❖

TIPP Die Baisers kann man gut auf Vorrat backen und bis zum Füllen in einer luftdichten Dose verwahren.

120 Kuchenparty · Süßes fürs Buffet

GEFÜLLTE SCHOKO-DONUTS
mit Hibiskusblütenglasur

Zubereitungszeit ca. 35 Minuten plus 12–14 Minuten Backzeit

Ergibt 6 Stück

Für den Teig
80 g Weizenmehl (Type 405)
80 g Zucker
½ TL Backpulver
10 g Kakaopulver (1 ½ EL, Poudre de Cacao; siehe Seite 207)
10 g Chai-Latte-Pulver (1 ½ EL)
1 Prise Salz
60 ml Rapsöl oder Sonnenblumenöl
70 ml zimmerwarme Buttermilch
2 zimmerwarme Eigelb (Größe M)

Für die Füllung
120 g Doppelrahmfrischkäse
50 g Kirschfruchtaufstrich

Für die Glasur
100 g Puderzucker
2 EL getrocknete, gemahlene Hibiskusblüten (siehe Seite 207)
Mandelblättchen zum Bestreuen (nach Belieben)

Außerdem
2 Spritzbeutel mit mittelgroßen Lochtüllen
Silikon-Donutform mit 6 Mulden (à Ø ca. 7,5 cm; siehe Seite 207)

Den Backofen auf 180 °C Ober-/Unterhitze vorheizen. ❖ Für den Teig **Mehl, Zucker, Backpulver, Kakaopulver, Chai-Latte-Pulver** und **Salz** in eine Schüssel geben und mischen. Das **Öl** mit **Buttermilch** und den **Eigelben** in einer anderen Schüssel verrühren, zur Mehlmischung geben und alles mit dem Handmixer kurz zu einem glatten Teig verarbeiten. ❖ Den Teig in einen der Spritzbeutel mit Lochtülle füllen und gleichmäßig in die Mulden der Donut-Backform spritzen. Im vorgeheizten Ofen 12–14 Minuten backen. ❖ Herausnehmen und die Schoko-Donuts in der Form auskühlen lassen. Dann vorsichtig aus der Form lösen. ❖ Inzwischen für die Füllung **Frischkäse** und **Kirschfruchtaufstrich** kurz miteinander verrühren, in den zweiten Spritzbeutel füllen und bis zur Verwendung in den Kühlschrank stellen. ❖ Die Donuts auf ein Kuchengitter setzen und waagerecht halbieren. Die Creme aus dem Kühlschrank nehmen, auf die unteren Donut-Böden dicke Cremetupfen spritzen und die oberen Hälften aufsetzen. ❖ Für die Glasur den **Puderzucker** mit den gemahlenen **Hibiskusblüten** und einigen Tropfen Wasser dickflüssig anrühren. Die gefüllten Donuts mit der Hibiskusblütenglasur überziehen, auf die noch feuchte Glasur nach Belieben **Mandelblättchen** streuen und frisch genießen.

❖ ❖ ❖

TIPP Ich liebe diese Rührteig-Donuts, sie sind einfach superschnell gemacht und schmecken auch klasse ohne Füllung. Im Gegensatz zu den Hefe-Donuts ist der Teig locker und eher großporig.

Kartoffel-
TARTES

Zubereitungszeit ca. 45 Minuten plus ca. 35 Minuten Kochzeit am Vortag, ca. 30 Minuten Kühlzeit und 35–42 Minuten Backzeit

Ergibt 2 kleine Tartes
Für die Füllung
150 g mehligkochende Kartoffeln
70 g Soft-Aprikosen
1–2 EL Amaretto oder Orangensaft
2 zimmerwarme Eier (Größe M)
110 g weiche Butter
80 g brauner Zucker
2 EL gemahlene Mandelkerne
1 EL Zitronensaft
Abrieb von ¼ Biozitrone
1 Prise Salz
Für den Teig
160 g Weizenmehl (Type 405) plus
    Mehl zum Bestäuben
40 g brauner Zucker
100 g kalte Butter, in kleine Stücke
    geschnitten, plus etwas Butter
    zum Einfetten
1 Eigelb (Größe M)
Außerdem
2 runde Springformen (à Ø 16 cm)

Für die Füllung am Vortag die **Kartoffeln** waschen, mit Schale in einen Topf geben, mit Wasser bedecken und aufkochen. Bei mittlerer Hitze etwa 30 Minuten kochen, bis sie gar sind. Abgießen und abkühlen lassen. ❖ Am Tag der Zubereitung für den Teig **Mehl** und **Zucker** in einer Schüssel vermischen. **Butter** und **Eigelb** zugeben und alles mit den Händen rasch zu einem glatten Teig verkneten. In Frischhaltefolie wickeln und etwa 30 Minuten kalt stellen. ❖ Die **Aprikosen** klein würfeln, in eine Schüssel geben, mit dem **Amaretto** beträufeln und marinieren. ❖ Den Backofen auf 180 °C Ober-/Unterhitze vorheizen. Die Springformböden mit Backpapier auslegen und die Ränder mit **Butter** einfetten. ❖ Den Teig auf einer **bemehlten** Arbeitsfläche dünn ausrollen, zwei Kreise (Ø 16 cm) ausstechen und in die Formen legen. Den restlichen Teig erneut verkneten und ausrollen. Dann Streifen ausschneiden und die Ränder der Formen damit auslegen. Die Teigböden mehrmals mit einer Gabel einstechen, in den vorgeheizten Ofen geben und 10–12 Minuten vorbacken. ❖ Inzwischen die gekochten Kartoffeln pellen und auf einer Küchenreibe grob reiben. Die **Eier** trennen. Eigelb, **Butter** und **Zucker** in eine Schüssel geben und mit dem Handmixer schaumig schlagen. Dann Kartoffelraspel, Aprikosen und **Mandeln** unter die Buttermasse mischen und den **Zitronensaft** mit dem **-abrieb** einrühren. ❖ Das Eiweiß mit dem **Salz** steif schlagen und unter die Kartoffelmasse heben. ❖ Die vorgebackenen Böden aus dem Ofen nehmen, die Füllung gleichmäßig auf die Formen verteilen, glatt streichen und im Ofen 25–30 Minuten backen. ❖ Herausnehmen und in den Springformen etwas abkühlen lassen. Dann aus den Formen lösen und die Kartoffel-Tartes vollständig auskühlen lassen.

❖❖❖

TIPP   Zum Servieren die Teller hauchdünn mit etwas Zimt bestäuben und darauf das Kuchenstück setzen.

BRANDTEIGRINGE
mit Karamell-Kaffee-Füllung

Zubereitungszeit ca. 45 Minuten plus 20–25 Minuten Backzeit

Ergibt 12 Ringe
Für den Brandteig
70 g Weizenmehl (Type 405)
50 g weiche Butter, in Stücke geschnitten
½ TL Puderzucker
¼ TL Salz
2 zimmerwarme Eier (Größe M)
Für Füllung und Deko
2 Eiweiß (Größe M)
90 g Zucker
125 g Butter, gewürfelt

Den Backofen auf 180 °C Umluft vorheizen. ❖ Für den Brandteig das **Mehl** sieben. Die **Butterstücke** mit **Puderzucker, Salz** und 120 ml Wasser in einem Topf erhitzen. ❖ Wenn die Butter geschmolzen und die Flüssigkeit kochend heiß ist, vom Herd nehmen, Mehl einrieseln lassen und mit einem Schneebesen kräftig rühren, bis sich ein Kloß bildet, der sich vom Topfboden löst. ❖ Zurück auf den Herd stellen und nochmals 1–2 Minuten kräftig schlagen, bis der Topfboden mit einer weißlichen Schicht überzogen ist – das nennt man abbrennen. ❖ Den Teigkloß in einer Schüssel etwas abkühlen lassen. Nacheinander die **Eier** einarbeiten und so lange schlagen, bis der Teig geschmeidig ist. ❖ Mithilfe des Ausstechers auf einem Bogen Backpapier zwölf Kreise (à Ø 7 cm) aufzeichnen und umgedreht auf ein Backblech legen. Die Brandteigmasse in den Spritzbeutel mit Lochtülle füllen und in Ringen auf die Kreismarkierungen spritzen. ❖ Im vorgeheizten Ofen 20–25 Minuten goldbraun backen, dabei die Ofentür nicht öffnen, sonst fällt das Gebäck zusammen. ❖ Herausnehmen und auf einem Kuchengitter auskühlen lassen. ❖ Für die Füllung **Eiweiß** und **Zucker** in eine hitzebeständige Schüssel geben, mit einem Schneebesen gut verrühren und im Wasserbad (Temperatur unter dem Siedepunkt halten) mit dem Handmixer so lange schlagen, bis der Zucker aufgelöst und eine Temperatur von 65 °C erreicht ist. ❖ Die Eiweißmasse in eine große Schüssel umfüllen und mit dem Handmixer auf höchster Stufe 5–8 Minuten zu einem luftigen Schaum schlagen. ❖ Nach und nach die **Butterstückchen** in den abgekühlten

FORTSETZUNG auf der nächsten Seite.

Bei den Kindergeburtstagsfesten meines Mannes gab es traditionell ein Windbeutelwettessen. Sein Rekord waren 15 Stück von den Brandteigkrapfen mit Vanillecreme. Heute gibt es an seinem Geburtstag meine Brandteigringe. Davon schafft er sechs Stück.

FORTSETZUNG

50 g Karamellsauce (siehe Seite 111)
1 TL gewalzter Kaffee (siehe Seite 207)
1 Prise Quatre-épices (siehe Seite 207)
Puderzucker zum Bestäuben (nach Belieben)

Außerdem
Ausstecher (Ø 7 cm)
Spritzbeutel mit 7-mm-Lochtülle
Spritzbeutel mit 8-mm-Rosentülle

Schaum einarbeiten, dann mindestens weitere 3 Minuten auf mittlerer Stufe schlagen, bis die Creme fest ist. ❖ **Karamellsauce, Kaffee** und **Gewürz** zugeben, glatt rühren und in den Spritzbeutel mit Rosentülle füllen. ❖ Die Brandteigringe waagerecht halbieren und die Karamell-Kaffee-Creme auf die unteren Ringhälften spritzen. Die oberen Hälften aufsetzen und nach Belieben für die Deko mit **Puderzucker** bestäuben. Frisch genießen.

TIPP Wegen des besonderen Geschmacks verfeinere ich dieses Gebäck gern mit gewalztem Kaffee. Bei dieser Methode werden Arabica-Bohnen ohne Zufuhr von Hitze in einer Trichterwalze zu sehr feinem Pulver vermahlen.

TOPFEN-STRUDELSTANGEN
mit Beerendip

Zubereitungszeit ca. 30 Minuten plus Abtropfzeit über Nacht und 15–20 Minuten Ausbackzeit

Ergibt 10–15 Stangen

Für die Füllung
300 g Schichtkäse
20 g getrocknete Kirschen
5–6 Minzblätter
2 EL Zucker
10 g Bourbon-Vanillezucker
1 Ei (Größe M)
Abrieb von ¼ Biozitrone
1 Prise gemahlener Zimt
10–15 Yufka-Teigblätter in Dreiecksform
1 kg Butterschmalz (alternativ Rapsöl oder Sonnenblumenöl)

Für den Beerendip
350 g Himbeeren (frisch oder TK)
60 g Granatapfelkerne
2 EL Himbeergeist
2 EL Puderzucker

Außerdem
Einwegspritzbeutel

Für die Füllung den **Schichtkäse** in ein Sieb geben, auf eine Schüssel setzen und über Nacht im Kühlschrank abtropfen lassen. ❖ Am nächsten Tag **Kirschen** und **Minzblätter** klein hacken und in eine Schüssel geben. Den abgetropften Schichtkäse mit **Zucker, Vanillezucker** und **Ei** zufügen und vermischen. **Zitronenabrieb** und **Zimt** einrühren und die Masse in den Einwegspritzbeutel füllen. ❖ Die Teigblätter aus der Packung nehmen und mit einem feuchten Geschirrtuch abdecken. Ein weiteres feuchtes Geschirrtuch auf die Arbeitsfläche legen und ein **Yufka-Teigblatt** zum Füllen darauflegen. ❖ Die Spitze des Spritzbeutels etwa 8 mm breit abschneiden und die Füllung an der kürzeren Teigkante als etwa 10 cm langen Streifen aufspritzen. Beide Seiten rechts und links einklappen, sodass die Füllung nicht auslaufen kann, dann von der Kante beginnend zur Spitze hin aufrollen. Zuletzt die Teigspitze mit etwas Wasser einstreichen. Auf die gleiche Weise alle **Teigblätter** füllen und aufrollen. ❖ Das **Butterschmalz** in einer Pfanne mit hohem Rand oder in einer Fritteuse auf 150 °C erhitzen und die Teigstangen darin portionsweise goldgelb ausbacken, dabei zwischendurch immer wieder wenden. Herausnehmen und auf Küchenpapier abtropfen lassen. ❖ Inzwischen für den Beerendip die **Himbeeren** verlesen und mit den **Granatapfelkernen** in einen Topf geben. **Himbeergeist** und **Puderzucker** zufügen, aufkochen und 4–5 Minuten köcheln lassen. Das heiße Fruchtpüree mit dem Stabmixer fein pürieren und durch ein Sieb streichen. In ein Glas füllen und abkühlen lassen. ❖ Die Topfen-Strudelstangen lauwarm mit dem Beerendip servieren.

Von Kindheit an habe ich eine große Schwäche für Topfenstrudel. Ein ganzer Strudel ist mir jedoch von der Menge her immer zu viel, deshalb entstand diese knusprig-frische Variante mit dem Beerendip.

TIPP Wenn der Orangen-Curd in ein sterilisiertes Glas gefüllt wird, kann er etwa 3 Wochen im Kühlschrank aufbewahrt werden. Das Rezept lässt sich mit Mango, Limette, Pomeranze oder Blutorange variieren.

ORANGEN-BAISER-TÖRTCHEN
aus dem Glas

Zubereitungszeit ca. 40 Minuten plus 60 Minuten Kühlzeit und 3–5 Minuten Backzeit

Ergibt 2 Gläser
Für den Orangen-Curd
2 Eier (Größe M)
100 ml frisch gepresster Orangensaft
Abrieb von 1 Bioorange
40 g Butter
80 g Zucker
2 TL Vanillepuddingpulver (4 g)
Für den Boden
70 g Vollkornbutterkekse
30 g Butter
Für das Baiser
2 Eiweiß (Größe M)
1 Prise Salz
1 Spritzer Zitronensaft
60 g Puderzucker
Außerdem
2 Sturzgläser (Ø 9 cm)
Spritzbeutel mit 6-mm-Lochtülle

Für den Orangen-Curd die **Eier** in eine Schüssel geben und mit einer Gabel verquirlen. ❖ Den **Orangensaft** mit **-abrieb, Butter** und **Zucker** in einen Topf geben und bei mittlerer Hitze so lange erwärmen, bis die Butter geschmolzen ist. ❖ 1–2 EL der Flüssigkeit abnehmen und das **Puddingpulver** damit glatt rühren. Dann das aufgelöste Puddingpulver mit dem Schneebesen in die Orangensaftmischung einrühren. ❖ Den Topfinhalt unter ständigem Rühren zu den Eiern gießen und mit dem Handmixer gut einarbeiten. Die Masse wieder zurück in den Topf geben und bei niedriger Hitze so lange rühren, bis die Creme dickflüssig wird. Den Orangen-Curd in ein Glas mit Schraubverschluss füllen, verschließen und abkühlen lassen. ❖ Für den Boden die **Kekse** in einen Gefrierbeutel geben und mit dem Nudelholz fein zerstoßen. Die **Butter** in einem kleinen Topf zerlassen. Die Keksbrösel zugeben und gut vermischen. Die Brösel gleichmäßig auf beide Sturzgläser verteilen, andrücken und 60 Minuten kalt stellen. ❖ Den Orangen-Curd gleichmäßig in beide Sturzgläser füllen, glatt streichen und bis zu Verwendung in den Kühlschrank stellen. ❖ Inzwischen den Backofen auf 250 °C Ober-/Unterhitze vorheizen. ❖ Für das Baiser das **Eiweiß** mit **Salz** und **Zitronensaft** in eine Schüssel geben und mit dem Handmixer halbsteif schlagen. Dann den **Puderzucker** in zwei Portionen dazugeben und 3–5 Minuten auf höchster Stufe weiterschlagen, bis ein glänzender fester Eischnee entstanden ist. Die Masse in den Spritzbeutel mit Lochtülle füllen und Eischneetupfen auf die Curd-Schichten spritzen. Die Gläser in den vorgeheizten Ofen stellen und 3–5 Minuten backen, bis die Spitzen des Baisers goldbraun sind. ❖ Herausnehmen und die Orangen-Baiser-Törtchen sofort servieren.

Kuchenparty · Süßes fürs Buffet **133**

PAVLOVAS
mit weißer Schokolade und gebratenen Bananen

Zubereitungszeit ca. 30 Minuten plus 90 Minuten Backzeit

Ergibt 9 kleine Pavlovas
Für die Pavlovas
110 g Puderzucker
1 TL Speisestärke
75 g zimmerwarmes Eiweiß
   (ca. 3 Eiweiß (Größe M))
1 Prise Salz
kleine Minzblätter zum Dekorieren
Für die Füllung
70 g weiße Kuvertüre, klein gehackt
200 g Sahne
Abrieb von ¼ Biolimette
1 TL Limettensaft
Für die Bananen
2 Bananen
20 g Butter
1 EL brauner Zucker
1 Spritzer Limettensaft
1–2 EL dunkler Rum
   (nach Belieben)

Den Backofen auf 150 °C Ober-/Unterhitze vorheizen. Auf einem Bogen Backpapier mit Abstand neun Kreise (à Ø 5 cm) zeichnen, das Backpapier umdrehen und auf ein Backblech legen. ❖ Für die Pavlovas den **Puderzucker** mit der **Speisestärke** in eine Schüssel sieben. Das **Eiweiß** mit dem **Salz** mit dem Handmixer steif schlagen. Nach und nach die Puderzuckermischung zugeben und auf höchster Stufe schlagen bis der Eischnee eine steife, glänzende Konsistenz hat. Den Schnee mit einem Löffel auf die Backpapierkreise verteilen und eine Mulde in der Mitte formen. ❖ Die Temperatur auf 100 °C reduzieren, das Backblech in den Ofen schieben und einen Kochlöffel zwischen Ofen und Ofentür stecken. Nach 90 Minuten den Ofen ausschalten und die Baisers im Ofen vollständig auskühlen lassen. ❖ Für die Füllung die klein gehackte **Kuvertüre** in eine hitzebeständige Schüssel geben und im Wasserbad (Temperatur unter dem Siedepunkt halten) schmelzen. Vom Wasserbad nehmen. ❖ Die **Sahne** steif schlagen, dann **Limettenabrieb** und **-saft** einrühren und die aromatisierte Sahne löffelweise unter die lippenwarm abgekühlte Kuvertüre heben. ❖ Für die Bananen die **Früchte** schälen und in etwa 5 mm dünne Scheiben schneiden. Die **Butter** in einer Pfanne zerlassen und die Bananenscheiben darin bei mittlerer Hitze von beiden Seiten goldgelb braten. ❖ Mit dem **Zucker** bestreuen und kurz karamellisieren lassen. Zum Schluss mit dem **Limettensaft** und nach Belieben mit dem **Rum** beträufeln. ❖ Die Mulden der Pavlovas mit der Sahnecreme füllen und die Bananenscheiben darauflegen. Mit frischen **Minzblättchen** dekorieren und sofort servieren.

❖ ❖ ❖

TIPP Oftmals bleibt beim Backen Eiweiß übrig. Das verarbeite ich dann gern zum Beispiel zu Pavlovas. Ungefüllt kann man die Baisers in einer luftdichten Dose gut aufbewahren.

TIPP Die klassische Variante wäre: Küchlein backen, Puderzucker mit Zitronensaft vermischen und glasieren. Ich backe sie auch manchmal vor und friere sie (ohne Creme) ein. Falls Creme übrig bleiben sollte, diese kalt stellen und später, zum Beispiel mit Früchten im Glas angerichtet, genießen.

ZITRONENKÜCHLEIN
gefüllt mit
Vanille-Zitronen-Creme

**Zubereitungszeit ca. 45 Minuten
plus 15–20 Minuten Backzeit
plus ca. 60 Minuten Kühlzeit**

Ergibt 5–6 Küchlein
Für die Creme
250 ml Milch (3,5 %)
½ Vanillestange
Abrieb von ½ Biozitrone
60 g Zucker
25 g Speisestärke
3 Eigelb (Größe L)
25 g weiche Butter
Für den Teig
120 g Weizenmehl (Type 405)
½ TL Backpulver
100 g Zucker
Saft und Abrieb von ½ Biozitrone
120 g weiche Butter, in kleine
    Stücke geschnitten
2 Eier (Größe L)
Für das Topping
Puderzucker (nach Belieben)
Biozitronenabrieb (nach Belieben)
Außerdem
Einwegspritzbeutel
6 rechteckige Silikonbackformen
    (à 9 × 6 cm)
Spritzbeutel mit 6-mm-Rosentülle

Für die Creme die **Milch** in einen Topf geben. Die **Vanillestange** längs aufschlitzen und das Mark herauskratzen. Vanillemark mit Stange und **Zitronenabrieb** zur Milch geben, kurz erhitzen, vom Herd nehmen und etwa 10 Minuten ziehen lassen. ❖ Inzwischen **Zucker, Stärke** und **Eigelbe** mit dem Schneebesen in einer Schüssel gut verrühren, aber nicht schaumig schlagen. Die Vanillestange aus dem Topf nehmen und die Milchmischung nochmals erhitzen. Unter Rühren langsam in die Eigelbmischung einfließen lassen und kräftig schlagen. ❖ Durch ein Sieb in eine Schüssel passieren und erneut in den Topf geben. Bei hoher Hitze die Masse ständig rühren, bis sie einzudicken beginnt. Vom Herd nehmen und die **Butter** unterrühren. ❖ Die heiße Creme auf Frischhaltefolie geben, ausstreichen, mit Folie abdecken und kalt stellen. ❖ Inzwischen den Backofen auf 180 °C Ober-/Unterhitze vorheizen. ❖ Für den Teig alle **Zutaten** in eine Schüssel geben und mit dem Handmixer gut verrühren. In den Einwegspritzbeutel füllen, die Spitze etwa 12 mm breit abschneiden und den Teig gleichmäßig in die Backformen füllen. ❖ Im vorgeheizten Ofen 15–20 Minuten backen, dabei die Küchlein nach 8 Minuten mit einem Messer in der Mitte längs einschneiden. ❖ Herausnehmen, kurz abkühlen lassen, dann die Küchlein aus den Formen heben und auf einem Kuchengitter auskühlen lassen. Die Küchlein waagerecht in der Mitte durchschneiden. ❖ Die gekühlte Vanille-Zitronen-Creme in eine Schüssel geben, mit dem Handmixer aufschlagen und in den Spritzbeutel mit Rosentülle füllen. Die unteren Hälften der Zitronenküchlein zurück in die Formen legen und die Creme in Tupfen daraufspritzen. Die oberen Hälften aufsetzen und die Küchlein etwa 60 Minuten kalt stellen. ❖ Die Küchlein aus den Formen nehmen und für das Topping nach Belieben mit **Puderzucker** bestäuben sowie mit etwas **Zitronenabrieb** bestreuen.

Kuchenparty · Süßes fürs Buffet **137**

MITBRINGSEL TO GO
Geschenke aus dem Ofen

*Was Selbstgebackenes ist für mich
das schönste Mitbringsel. Als Bei-
trag zum Brunch oder Geschenk
fürs Geburtstagsbuffet – mit diesen
Kuchenideen landen Sie immer einen
Hit. Gleichzeitig ist das Gebäck im
Pocket-Format der perfekte Begleiter
für unterwegs.*

CAKE POPS
auf zweierlei Art

**Zubereitungszeit ca. 20 Minuten
plus 60 Minuten Kühlzeit**

Ergibt 7 Cake Pops
Für die Cake Pops
120 g Biskuit (siehe Seite 151)
80 g Fruchtaufstrich ohne Stücke
    (z. B. Erdbeere oder Aprikose)
100 g Zartbitterkuvertüre (alternativ
    Cake Melts; siehe Seite 207)
100 g Vollmilchkuvertüre
Für die Deko
nach Belieben (z. B. Kakao-
    bohnensplitter, Pistaziengrieß,
    andere sehr fein gehackte
    bzw. gehobelte Nüsse, kleine
    Zuckerperlen, essbare Blüten
    oder essbares Goldpapier oder
    andersfarbige geschmolzene
    Kuvertüre)
Außerdem
7 Cake-Pop-Stiele oder feste
    Papiertrinkhalme

Für die Cake Pops den **Biskuit** in einer Schüssel gut zerkrümeln. Nach und nach den **Fruchtaufstrich** zugeben und vermengen, bis die Masse eine gut formbare Konsistenz hat. Aus der Biskuitmasse sieben kleine Portionen (à 25–30 g) abnehmen, mit angefeuchteten Händen zu Kugeln formen und im Kühlschrank 60 Minuten kalt stellen. ❖ Beide **Kuvertüren** hacken, in eine hitzebeständige Schüssel geben und im Wasserbad (Temperatur unter dem Siedepunkt halten) schmelzen. ❖ Die Enden der Cake-Pop-Stiele in die Kuvertüre tauchen, in die gekühlten Kugeln stecken und kurz fest werden lassen. Die Kugeln in die Kuvertüre tauchen. ❖ Solange die Kuvertüre noch weich ist, nach Belieben mit **Kakaosplittern, Pistaziengrieß, Nüssen** und **Zuckerperlen** etc. bestreuen oder auch mit einer andersfarbigen **Kuvertüre** verzieren. Um die Kuvertüre trocknen zu lassen, die fertigen Cake Pops mit dem Stiel in eine Halterung stecken – zum Beispiel in einen Eierkarton, in ein mit Zucker gefülltes Glas, eine Holzleiste mit Löchern oder in ein Styroporstück.

❖❖❖

VARIANTE UND TIPP   Cake Pops sind für mich die beste und schnellste Verwertung von Kuchenresten. Das klappt nicht nur mit Biskuit, sondern auch mit übrig gebliebenen Keksen (siehe Seite 143) oder mit Rührteigkuchen. Und wenn man keine Cake-Pop-Stiele zur Hand hat, werden es einfach leckere kleine Kuchenpralinen!

FORTSETZUNG auf der nächsten Seite.

Weihnachtskugeln einmal anders: Die Entstehungsgeschichte meiner Cake Pops begann mit übrig gebliebenen Vanillekipferln, die es bei uns klassisch in der Adventszeit gibt. Da es bereits Januar war, verarbeitete ich die Kekse einfach zu Cake Pops.

FORTSETZUNG

Zubereitungszeit ca. 20 Minuten plus 60 Minuten Kühlzeit

Zutaten für ca. 10 Stück
120 g Kekse
30 g Fruchtaufstrich ohne Stücke (z. B. Kirsche)
100 g Zartbitterkuvertüre oder weiße Kuvertüre
nach Belieben gehackte Nüsse, geschmolzene Kuvertüre, bunte Zuckerperlen, getrocknete essbare Blüten, essbares Glitzerpuder etc. zum Dekorieren

Kekskugeln Die **Kekse** in einen Gefrierbeutel füllen, mit einer Teigrolle sehr fein zerdrücken und in eine Schüssel geben. ❖ Den **Fruchtaufstrich** in einem kleinen Topf erwärmen, bis er flüssig wird. Zu den Keksbröseln geben, dann alles mit den Händen gut verkneten, bis der Teig kompakt ist und sich gut formen lässt. Aus der Masse kleine Kugeln (à etwa 14 g) formen und die Kugeln 60 Minuten kalt stellen. ❖ Die **Kuvertüre** hacken, in eine hitzebeständige Schüssel geben und im Wasserbad (Temperatur unter dem Siedepunkt halten) schmelzen. ❖ Die Kugeln nacheinander mithilfe eines kleinen Holzspießes oder einer Pralinengabel in die Kuvertüre tauchen. Nach Belieben mit **gehackten Nüssen, geschmolzener Kuvertüre, Zuckerperlen, Blüten** etc. dekorieren. Auf Backpapier setzen und fest werden lassen. Die Kekskugeln sind im Kühlschrank etwa 4 Tage haltbar.

Mitbringsel to go · Geschenke aus dem Ofen **143**

APRIKOSENDATSCHI
mit Vanillegrießcreme in Filoteig

**Zubereitungszeit ca. 40 Minuten
plus 20–25 Minuten Backzeit**

Ergibt 4 kleine Datschi
Für die Creme
½ Vanillestange
1 Ei (Größe M)
1 Eigelb (Größe M)
1 Prise Salz
80 g Zucker
45 g Dinkelgrieß
Abrieb von 1 Biozitrone
400 ml Milch (3,5 % Fett)
Für Belag und Teig
800 g Aprikosen
Saft von ½ Zitrone
1 Pck. Filo- oder Yufka-Teigblätter
   (Fertigprodukt aus
   dem Kühlregal)
100 ml Milch (3,5 % Fett)
75 g Butter
Außerdem
4 Palmblatt-Dipschalen
   (Ø 12 cm; siehe Seite 207; alternativ Gratinförmchen oder
   kleine Auflaufformen)

Für die Creme die **Vanillestange** längs aufschlitzen und das Mark mit einem Messer herauskratzen. Vanillemark, **Ei, Eigelb, Salz** und **Zucker** in eine Schüssel geben und mit dem Handmixer cremig rühren. Den **Grieß** einrieseln lassen und dann den **Zitronenabrieb** einrühren. ❖ Die **Milch** in die Grießmasse einarbeiten, in einen Topf umfüllen und unter Rühren zum Kochen bringen. Sobald die Grießmasse dicklich eingekocht ist, den Topf vom Herd nehmen und abkühlen lassen. ❖ Inzwischen den Backofen auf 180 °C Umluft vorheizen. ❖ Für den Belag die **Aprikosen** waschen, halbieren, entsteinen und vierteln. In eine Schüssel geben, mit dem **Zitronensaft** beträufeln, vermengen und beiseitestellen. ❖ Zwei Geschirrtücher anfeuchten. Die **Teigblätter** entrollen und Blatt für Blatt auf einem feuchten Tuch zu Quadraten (à 18 × 18 cm) schneiden. Zwischen die Teigblätter Backpapier legen und den Stapel bis zur Verwendung mit dem zweiten Geschirrtuch abdecken. ❖ Die **Milch** mit der **Butter** in einen Topf geben und unter Rühren erwärmen, bis die Butter geschmolzen ist. Drei Teigblätter mit der Milchmischung bestreichen, nacheinander versetzt in eine Dipschale legen, sodass die Teigblätter am Rand überlappen. Etwas weniger als ein Viertel der Vanillegrießcreme (etwa 70 g) einfüllen. ❖ Weitere drei Teigblätter mit der Milchmischung bestreichen und versetzt übereinandergelegt auf die Vanillegrießcreme legen. Darauf nochmals dünn etwas Creme streichen. Die überstehenden Teigränder über der Creme locker zusammenschlagen, mit der Milchmischung bestreichen und mit den Aprikosenvierteln ziegelartig belegen. ❖ Auf die gleiche Weise drei weitere Datschi herstellen. In den vorgeheizten Ofen geben und 20–25 Minuten backen. ❖ Herausnehmen und noch leicht warm servieren.

❖ ❖ ❖

VARIANTE Mit den Aprikosen sind diese Datschi herrliche Sommerkuchen, aber genauso gern bereite ich das Rezept auch ohne Früchte zu und gebe dann Honig und geröstete Haselnüsse darüber.

TIPP Falls noch etwas Creme übrig bleiben sollte, diese später einfach pur vernaschen.

FALSCHE BAUMKUCHEN
mit Matcha-Glasur

Zubereitungszeit ca. 40 Minuten plus 10–13 Minuten Backzeit, ca. 20 Minuten Abkühlzeit und 30 Minuten Trockenzeit

Ergibt 4 Baumkuchen
Für den Teig

170 g Weizenmehl (Type 405)
½ TL Backpulver (3 g)
½ EL Natron (1 g)
1 Prise Salz
25 g weiche Butter
25 ml Rapsöl oder Sonnenblumenöl
70 g Zucker
10 g Bourbon-Vanillezucker
Abrieb von ¼ Biolimette
1 zimmerwarmes Ei (Größe M)
120 ml zimmerwarme Buttermilch

Für die Glasuren

150 g Aprikosenfruchtaufstrich, passiert
250 g Puderzucker
1 TL Matcha-Pulver
Abrieb von ¼ Biolimette
1 EL Limettensaft

Außerdem

Einwegspritzbeutel
2 Silikon-Donutformen mit je 6 Mulden (à ca. Ø 7,5 cm, siehe Seite 207)

Den Backofen auf 180 °C Ober-/Unterhitze vorheizen. ❖ Für den Teig das **Mehl** mit **Backpulver, Natron** und **Salz** in einer Schüssel vermischen. **Butter, Öl, Zucker, Vanillezucker** und **Limettenabrieb** in eine Schüssel geben und mit dem Handmixer etwa 2 Minuten cremig aufschlagen. **Ei** und **Buttermilch** hinzufügen und verrühren. Zum Schluss die Mehlmischung einarbeiten. ❖ In den Einwegspritzbeutel füllen, die Spitze etwa 6 mm breit abschneiden und den Teig gleichmäßig in die Mulden der Formen spritzen, sodass diese etwas mehr als bis zur Hälfte gefüllt sind. Im vorgeheizten Ofen 10–13 Minuten backen. ❖ Herausnehmen und die Donuts in den Formen etwa 20 Minuten abkühlen lassen. ❖ Für die Glasuren den **Aprikosenfruchtaufstrich** in einem kleinen Topf erwärmen. Die Donuts aus den Formen nehmen und rundum mit dem Fruchtaufstrich bestreichen. Dann je drei Donuts aufeinandersetzen, auf ein Kuchengitter legen und etwa 30 Minuten trocknen lassen. ❖ Für die Matcha-Glasur den **Puderzucker** mit **Matcha-Pulver, Limettenabrieb** und **-saft** vermischen. 5–6 EL Wasser zugießen, damit eine dickflüssige Glasur entsteht. ❖ Die Baumkuchen nach Belieben mit der Matcha-Glasur überziehen und trocknen lassen.

❖❖❖

TIPP Für alle, die den speziellen Geschmack von Matcha nicht so sehr mögen, empfehle ich, die Glasur zum Beispiel mit Pistazienmus anzurühren oder die Baumkuchen ganz klassisch mit Zuckerguss zu überziehen. Diesen kann man noch zusätzlich in Streifen über die Baumkuchen ziehen. Der originale Baumkuchen wird waagerecht unter Drehen gebacken und auch glasiert. Ich habe meine Baumkuchen auf einen Kochlöffelstiel gesteckt und über einem tiefen Blech glasiert. Je nachdem, wie dick die Glasur werden soll, glasiere ich das Gebäck ein- bis zweimal.

Knusper-Haselnuss-
SCHOKOKUGELN

**Zubereitungszeit ca. 45 Minuten
plus 10–15 Minuten Röstzeit und
ca. 2 Stunden Kühlzeit**

Ergibt 10 Kugeln
Für die Füllung
160 g Haselnusskerne plus
   10 Haselnusskerne
50 g Vollmilchkuvertüre,
   klein gehackt
80 g Zartbitterkuvertüre,
   klein gehackt
Für die Ummantelung
20 g Haselnusskerne
50 g Vollmilchkuvertüre,
   klein gehackt
200 g Zartbitterkuvertüre,
   klein gehackt
30 g Hippenbruch
Außerdem
Einwegspritzbeutel
Cake-Pop-Backform aus Silikon mit
   20 (halb-)kugelförmigen Mulden
   (à Ø 3,5 cm; siehe Seite 207)

Den Backofen auf 170 °C Ober-/Unterhitze vorheizen. ❖ Für Füllung und Ummantelung ein Backblech mit Backpapier auslegen, alle **Haselnüsse** (180 g und zehn Stück) darauf verteilen und im vorgeheizten Ofen 10–15 Minuten rösten, dabei zwischendurch umrühren. ❖ Herausnehmen, die Nüsse auf ein Geschirrtuch geben, einwickeln und etwa 5 Minuten abkühlen lassen. Dann aneinanderreiben, bis sich die Häute lösen. ❖ Für die Füllung die zusätzlichen zehn gerösteten Nüsse beiseitestellen. Von den restlichen Nüssen 160 g in der Küchenmaschine etwa 5 Minuten zu einer glatten Paste fein zermahlen. In eine Schüssel geben. ❖ Beide **Kuvertüresorten** zusammen in eine hitzebeständige Schüssel geben und im Wasserbad (Temperatur unter dem Siedepunkt halten) schmelzen. Lippenwarm abkühlen lassen und in die Nusspaste rühren. ❖ In den Einwegspritzbeutel füllen, die Spitze 4–5 mm breit abschneiden und die Masse in die 20 Halbkugeln der unteren Cake-Pop-Formhälfte spritzen. Von den beiseitegestellten Haselnüssen je eine Nuss mittig in zehn Füllungen stecken und mit einem Holzspieß hineindrücken. Mit Backpapier abdecken, die obere Hälfte der Form (Rundungen zeigen nach unten) aufsetzen, damit die Nüsse unten bleiben. Auf ein Backblech setzen und etwa 2 Stunden kalt stellen. ❖ Für die Ummantelung die beiden **Kuvertüresorten** zusammen in eine hitzebeständige Schüssel geben und ebenfalls auf einem Wasserbad schmelzen. Die übrigen 20 g gerösteten Haselnüsse fein hacken und in eine Schüssel geben. ❖ Die gekühlten Schokoladenhalbkugeln aus den Formen drücken und jeweils zwei Halbkugeln (je eine mit und eine ohne Nuss) zu Kugeln zusammenfügen. Den **Hippenbruch** zur Schüssel mit den gehackten Nüssen geben und alles vermischen. ❖ Nacheinander die Kugeln auf eine Gabel stecken, in die temperierte Kuvertüre tauchen, abtropfen lassen und grob im Hippenbruch wälzen. Auf Backpapier setzen und fest werden lassen. Bis zum Servieren kühl aufbewahren.

Superpraktisch und schweine-lecker – mein Biskuitdessert im Glas. Darf bei keinem Picknick mit Familie und Freunden an den Münchner Isarauen fehlen.

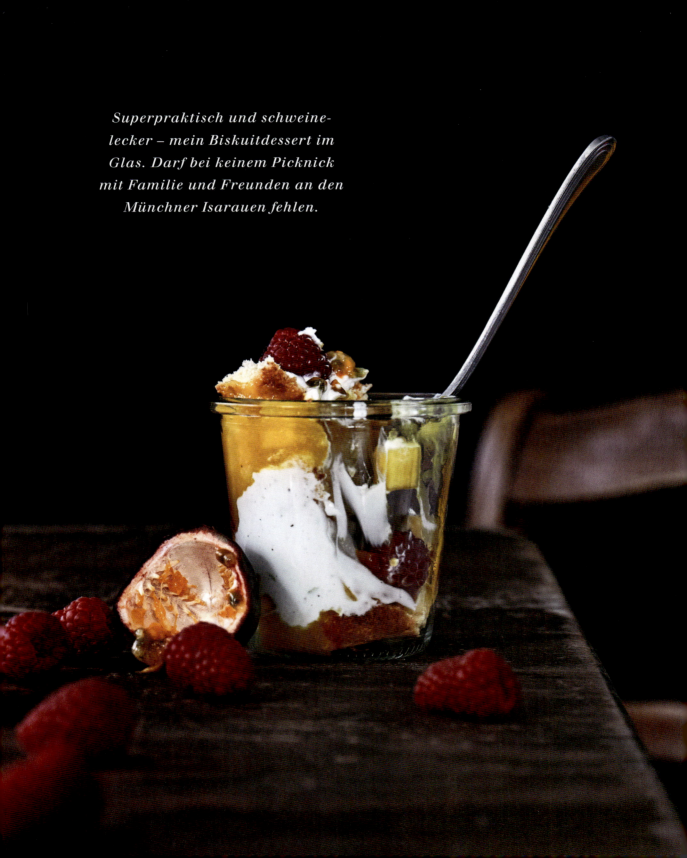

BISKUIT
to go

**Zubereitungszeit ca. 35 Minuten
plus 10–15 Minuten Backzeit**

Ergibt 4 Gläser
Für den Biskuit
2 zimmerwarme Eier (Größe L)
50 g Zucker
20 g Speisestärke
1 Prise Salz
Abrieb von ½ Biolimette
60 g Weizenmehl (Type 405)
½ TL Backpulver (2,5 g)
10 g Mandelgrieß
Für die Creme
350 g Quark (40 % Fett)
2–3 EL Zucker
1 Msp. Bourbon-Vanillemark
Abrieb von ¼ Biolimette
1 Spritzer Limettensaft
Für die Früchte
125 g Himbeeren
1 reife Mango (ca. 600 g)
1–2 EL Zucker (nach Belieben)
1–2 Passionsfrüchte
Außerdem
runde Springform (Ø 20 cm)
4 Sturzgläser (à 290 ml)

Den Backofen auf 180 °C Umluft vorheizen. Den Boden der Springform mit Backpapier auslegen – nicht einfetten! ❖ Für den Biskuit die **Eier** trennen. Das Eigelb mit 40 g **Zucker** in eine Schüssel geben und mit dem Handmixer hell und schaumig aufschlagen. ❖ Den restlichen **Zucker** mit der **Stärke** vermischen. Das Eiweiß mit dem **Salz** zu steifem Schnee schlagen, dabei die Stärkemischung löffelweise zugeben. Dann den Eischnee mit dem **Limettenabrieb** locker unter die Eigelbmasse heben. ❖ Das **Mehl** mit dem **Backpulver** mischen und sieben. Mehlmischung und **Mandelgrieß** in zwei Portionen unter die Eigelbmasse ziehen (nicht zu lange oder kräftig rühren, sonst verliert die Masse ihre Luftigkeit) und in die vorbereitete Springform füllen. Im vorgeheizten Ofen 10–15 Minuten backen, dabei die Ofentür nicht öffnen, da der Biskuit sonst zusammenfällt! ❖ Herausnehmen und den Biskuit mit einem spitzen Messer vom Rand der Springform lösen. Den Ring abnehmen, den Biskuit zum Auskühlen auf ein Kuchengitter stürzen und das Backpapier abziehen. ❖ Für die Creme den **Quark** mit **Zucker** und **Vanillemark** in einer Schüssel vermengen. Dann **Limettenabrieb** und **-saft** unterrühren. ❖ Für die Früchte die **Himbeeren** verlesen. Die **Mango** schälen, das Fruchtfleisch vom Stein schneiden und klein würfeln. Die Hälfte der Mangowürfel in einen hohen Mixbecher geben, mit dem Stabmixer fein pürieren und nach Geschmack den **Zucker** einarbeiten. **Passionsfrüchte** halbieren und das Fruchtfleisch auskratzen. ❖ Den Biskuit quer in der Mitte teilen und eine Hälfte in grobe Stücke brechen. Die Biskuitstücke abwechselnd mit Creme, Himbeeren, Mangowürfeln, Mangopüree und Passionsfruchtfleisch in die Gläser schichten und genießen.

❖❖❖

TIPP Den übrigen Biskuit entweder mit der doppelten Menge Creme und Früchten für vier weitere Portionen verwenden oder Cake Pops herstellen (siehe Seite 140) oder aber einfrieren.

APFELSTRUDEL
in der Dose gebacken

Apfelstrudel ist immer ein Thema und in jeder Familie heiß geliebt – so auch bei uns. Meist werden die knackigen Apfelstücke in Strudel- oder Blätterteig gehüllt. Dieses Rezept finde ich so klasse, da es unglaublich schnell geht. Der Ursprung dieser Zubereitung ist Südtirol.

Zubereitungszeit ca. 30 Minuten plus 60 Minuten Kühlzeit und 25–30 Minuten Backzeit

Ergibt 2 kleine Strudel

Für den Teig
1 Ei (Größe M)
120 g Weizenmehl (Type 405)
50 g Zucker
1 Msp. Salz
70 g kalte Butter plus Butter
    zum Einfetten

Für die Füllung
1–2 Äpfel (ca. 200 g; z. B. Jonagold
    oder Topaz)
1 EL Rosinen
1 EL Pinienkerne
1 TL Bourbon-Vanillezucker
1 TL Zitronensaft
1 Prise Quatre-épices (siehe
    Seite 207)
Abrieb von ½ Biozitrone
Abrieb von ½ Bioorange
20 g Semmelbrösel

Für das Topping
Puderzucker zum Bestreuen
    (nach Belieben)

Außerdem
2 saubere Konservendosen
    (Ø ca. 7 cm, 5,5 cm Höhe)

Für den Teig das **Ei** trennen. Das **Mehl** mit Eigelb, **Zucker** und **Salz** in eine Schüssel geben. Die **Butter** würfeln und zugeben. Die Zutaten mit den Händen rasch zu einem glatten Teig verkneten und zu einem Rechteck formen. In Frischhaltefolie wickeln und 60 Minuten im Kühlschrank kalt stellen. ❖ Inzwischen den Backofen auf 180 °C Ober-/Unterhitze vorheizen. Die Dosen mit **Butter** ausstreichen. ❖ Für die Füllung die **Äpfel** schälen, vierteln, entkernen und sehr klein würfeln. 160 g Apfelwürfel abwiegen, mit **Rosinen, Pinienkernen, Vanillezucker** und **Zitronensaft** in eine Schüssel geben und vermischen. **Quatre-épices, Zitronen-** und **Orangenabrieb** darüberstreuen und vermengen. ❖ Den gekühlten Teig nochmals kurz durchkneten, auf einen Bogen Backpapier legen und 5 mm dünn rechteckig ausrollen. Zwei Teigstreifen (je 30 cm × 6,5 cm) ausschneiden und gleichmäßig mit den **Semmelbröseln** bestreuen, dabei an einer der kurzen Kanten jeweils einen etwa 1 cm breiten Rand frei lassen. ❖ Die Apfelfüllung auf den Bröseln verteilen, die Teigstreifen zum frei gelassenen Rand hin aufrollen und mit den Schnittseiten in die Dosen setzen. Apfelstückchen, die beim Aufrollen herausfallen, entweder in die Dosenböden geben oder auf die Teigrollen setzen, nachdem sie in den Dosen platziert wurden. ❖ Im vorgeheizten Ofen 25–30 Minuten goldbraun backen. Dann herausnehmen und in den Dosen abkühlen lassen. ❖ Die Apfelstrudel aus den Dosen nehmen und vor dem Servieren für das Topping nach Belieben mit **Puderzucker** bestreuen.

Mitbringsel to go · Geschenke aus dem Ofen

TIPP Die Semmelbrösel brate ich mit einem Stück Butter und etwas Puderzucker gern vorab in einer Pfanne goldbraun an.

MOHN-TARTE-SCHNITTCHEN
mit Erdbeeren

Zubereitungszeit ca. 50 Minuten plus ca. 60 Minuten Kühlzeit und 23–30 Minuten Backzeit

Ergibt 6 Schnittchen
Für den Teig
160 g Weizenmehl (Type 405) plus
    Mehl zum Bestäuben
50 g Zucker
1 ½ EL gemahlener Mohn (10 g)
1 Prise Salz
Abrieb von ¼ Biozitrone
100 g kalte Butter
1 Ei (Größe M)
Für die Füllung
120 g weiche Butter
100 g Puderzucker
1 Prise Salz
Mark von ½ Vanillestange
1 zimmerwarmes Ei (Größe M)
60 g gemahlener Mohn
45 g blanchierte gemahlene
    Mandelkerne

Für den Teig **Mehl, Zucker, Mohn, Salz** und **Zitronenabrieb** in einer Schüssel gut vermischen. Die **Butter** klein würfeln, zugeben und alles mit den Händen zu einer krümeligen, sandigen Masse verarbeiten. Das **Ei** zügig einarbeiten, bei Bedarf 1–2 TL Wasser zugeben – der Teig sollte geschmeidig sein. Zu einem flachen Rechteck formen, in Frischhaltefolie wickeln und etwa 60 Minuten kalt stellen. ❖ Den Backofen auf 180 °C Umluft vorheizen. Ein Backblech mit Backpapier auslegen. ❖ Inzwischen für die Füllung **Butter, Puderzucker, Salz** und **Vanillemark** in einer Schüssel mit dem Handmixer cremig aufschlagen. Das **Ei** einrühren, dann **Mohn** und **Mandeln** kurz einarbeiten. ❖ Die Masse in den Spritzbeutel mit Lochtülle füllen und in die Backformen spritzen. Im vorgeheizten Ofen 15–20 Minuten backen – bei Bedarf mit Backpapier abdecken. ❖ Herausnehmen und in den Formen abkühlen lassen. ❖ Während der Backzeit ein Backblech mit Backpapier auslegen. Den gekühlten Teig auf einer **bemehlten** Arbeitsfläche etwa 5 mm dünn zu einem Rechteck ausrollen und mithilfe von Messer und Lineal zwölf Rechtecke (à etwa 6 × 9 cm) ausschneiden. Mit der Gabel mehrmals einstechen, auf das vorbereitete Blech legen, gleich nach den Batzen-Formen in den Ofen geben und ebenfalls bei 180 °C Umluft 8–10 Minuten goldbraun backen. ❖ Herausnehmen und die Böden auf einem Kuchengitter

FORTSETZUNG auf der nächsten Seite.

Meine Mohn-Tarte-Schnittchen liegen nicht nur leicht in der Hand. Sie schmecken auch leicht, weil ich für die Mohnfüllung gemahlene Mandeln verwende. Dadurch wird der Teig besonders locker. Im Herbst nehme ich statt Erdbeeren auch Zwetschgen.

FORTSETZUNG

Für den Belag
300 g kleine Erdbeeren
150 g gut gekühlte Sahne
200 g Erdbeerfruchtaufstrich,
    passiert

Außerdem
Spritzbeutel mit 12-mm-Lochtülle
6 Minibatzen-Silikonformen
    (à ca. 6 × 9 cm, siehe Seite 207)
Spritzbeutel mit 8-mm-Rosentülle

abkühlen lassen. ❖ Für den Belag die **Erdbeeren** waschen, entstielen und abtropfen lassen. Die **Sahne** steif schlagen, in den Spritzbeutel mit Sterntülle füllen und kalt stellen. ❖ Sechs Böden auf Backpapier legen. Den **Erdbeerfruchtaufstrich** erwärmen und mit einem Backpinsel die Böden bestreichen. Je eine gebackene Mohnfüllung aufsetzen, mit Fruchtaufstrich bestreichen, die übrigen Böden darauflegen und mit dem restlichen Aufstrich bestreichen. Zum Schluss die Mohn-Tarte-Schnittchen mit Erdbeeren und Sahnetupfen dekorieren.

Orientalische ECKEN

Zubereitungszeit ca. 20 Minuten plus 10–15 Minuten Backzeit

Ergibt 8 Ecken

1 Rolle Blätterteig (275 g; Fertig-produkt aus dem Kühlregal)
20 g gut gekühlte Marzipanrohmasse
30 g weiche Butter
12 g Puderzucker
1 Msp. Vanillemark
2 Eigelb (Größe M)
12 g Honig
1 Prise Salz
10 g Pistaziengrieß
10 g gemahlene Walnusskerne
30 g gemahlene blanchierte Mandelkerne
1 Msp. gemahlener Kardamom
½ EL Zitronensaft
Abrieb von ½ Biozitrone
Abrieb von ½ Bioorange
½–1 TL Rosenwasser
1 EL Sahne
Für das Topping
Honig zum Beträufeln
Pistaziengrieß zum Bestreuen

Den Backofen auf 180 °C Ober-/Unterhitze vorheizen. Ein Backblech mit Backpapier auslegen. Den **Blätterteig** aus dem Kühlschrank nehmen, damit er Temperatur annimmt. ❖ Das gekühlte **Marzipan** auf einer Gemüsereibe fein reiben. Marzipan, **Butter, Puderzucker** und **Vanille-mark** in eine Schüssel geben und mit dem Handmixer cremig schlagen. Ein **Eigelb** zugeben und unterrühren. **Honig, Salz, Pistaziengrieß, Wal-nüsse, Mandeln, Kardamom** und **Zitronensaft** hinzufügen und verrüh-ren. Zum Schluss **Zitronen-** und **Orangenabrieb** sowie **Rosenwasser** zugeben und einarbeiten. ❖ Das zweite **Eigelb** mit der **Sahne** verquirlen. Den Blätterteig entrollen, quer halbieren, sodass zwei etwa 12,5 cm breite und etwa 20 cm lange Streifen entstehen. Beide Teigstreifen in vier Rechtecke (à 10 × 12,5 cm) schneiden. Die Cremefüllung mittig auf die Rechtecke geben und die Ränder rundum mit der Eigelbmischung dünn bestreichen. Dann die Rechtecke zu Dreiecken zusammenschlagen und die Kanten mit den Fingern andrücken. ❖ Die Teigecken mit etwas Abstand auf das vorbereitete Backblech legen, dünn mit der restlichen Eigelbmischung bestreichen und im vorgeheizten Ofen 10–15 Minuten goldgelb backen. ❖ Herausnehmen und auf dem Blech abkühlen las-sen. ❖ Vor dem Servieren für das Topping die orientalischen Ecken mit etwas **Honig** beträufeln und mit **Pistaziengrieß** bestreuen.

❖❖❖

TIPP Eine interessante Note bekommt die Füllung, wenn man noch gehackte Minzblättchen einrührt.

WALNUSS-DATTEL-SCHOKOROLLE
im Glas

Zubereitungszeit ca. 40 Minuten plus ca. 2 Stunden Abtropfzeit und 25–30 Minuten Backzeit

Ergibt ca. 8 Gläser à 290 ml

Für den Teig
120 g Quark (20 % Fett)
80 g Butter plus Butter
   zum Einfetten
100 g brauner Zucker
100 g Zucker
Abrieb von ½ Biozitrone
1 zimmerwarmes Ei (Größe M)
250 g Weizenmehl (Type 405)
   plus Mehl zum Bestäuben
1 ½ TL Backpulver

Für die Füllung
50 g Zartbitterkuvertüre
100 g entsteinte Datteln
200 g gemahlene Walnusskerne
50 g Marzipanrohmasse
5 EL Orangensaft
2 EL Rum (nach Belieben)

Für das Topping
40 g Butter
Puderzucker zum Bestäuben
   (nach Belieben)

Außerdem
8 Sturzgläser mit Deckel,
   Gummiringen und Klammern
   (à 290 ml Inhalt)

Für den Teig den **Quark** in ein Sieb geben, auf eine Schüssel setzen und etwa 2 Stunden abtropfen lassen. ❖ Den Backofen auf 180 °C Ober-/Unterhitze vorheizen. ❖ Für die Füllung die **Kuvertüre** klein hacken, in eine kleine hitzebeständige Schüssel geben und im Wasserbad (Temperatur unter dem Siedepunkt halten) schmelzen. ❖ Die **Datteln** sehr klein hacken. Mit den **Walnüssen** in eine Schüssel geben und das **Marzipan** grob darüberreiben. Geschmolzene Kuvertüre, **Orangensaft** und **Rum** zugeben und alles mit dem Handmixer verrühren. ❖ Die Sturzgläser mit **Butter** ausstreichen und mit dem **braunen Zucker** ausstreuen. **Butter, Zucker** und **Zitronenabrieb** in einer Schüssel mit dem Handmixer schaumig rühren. Dann das **Ei** einarbeiten und den abgetropften Quark unter die Masse rühren. Das **Mehl** mit dem **Backpulver** mischen, in die Buttermasse geben und alles mit den Händen zu einem Teig verkneten. ❖ Die Arbeitsfläche mit **Mehl** bestäuben und den Teig darauf zu einem Rechteck (etwa 30 × 40 cm) ausrollen. Die pastenartige Füllung mit einem Palettenmesser gleichmäßig auf dem Teig verstreichen, dabei an der oberen Längskante etwa 1 cm Rand frei lassen. Dann den Teig von der unteren Längskante beginnend aufrollen. ❖ Die gefüllte Teigrolle in je 5 cm große Stücke schneiden und mit den Schnittflächen in die vorbereiteten Gläser setzen. Im vorgeheizten Ofen 25–30 Minuten backen. ❖ In der Zwischenzeit für das Topping die **Butter** zerlassen. Die Gläser herausnehmen, die Oberflächen der Schokorollen mit der flüssigen Butter bestreichen und nach Belieben mit **Puderzucker** bestäuben. ❖ Dann die Gummiringe auf die Deckel ziehen, die (noch heißen) Gläser verschließen und die Deckel mit den Klammern fixieren – so halten sich diese Rollen 10–14 Tage.

❖ ❖ ❖

TIPP   Dieses Gebäck schmeckt mir lauwarm am besten. Mit etwas Zwetschgenkompott und Vanilleeiscreme ist es bei uns auch ein sehr gern gesehener Nachtisch.

EINES GEHT NOCH!
Widerstand zwecklos

Die Größe ist nicht immer entscheidend – zumindest bei Kuchen. Oftmals reicht ein kleiner Happen, nur für den Geschmack zwischendurch. Für solche Fälle gibt es meine süßen Piccolinos – stets frisch zubereitet. Aber Vorsicht: hoher Suchtfaktor!

Erdnuss-
COOKIES

Normalerweise verziere ich Gebäck für mein Leben gern. Bei diesen Erdnuss-Cookies halte ich es aber ganz in der Tradition meines Geburtslandes USA: Just keep it simple! Und dazu ein Glas kalte Milch.

Zubereitungszeit ca. 25 Minuten plus 2 Stunden 10 Minuten Kühlzeit und 10–15 Minuten Backzeit

Ergibt 12–14 Cookies

40 g geröstete und gesalzene Erdnusskerne
7 weiche Schokoladen-Toffeebonbons
110 g kalte gesalzene Butter (demi-sel)
110 g brauner Zucker
200 g Weizenmehl (Type 405)
2 g (½ TL) Backpulver
40 g Erdnussbutter

Die **Erdnüsse** klein hacken. Die **Schokoladen-Toffeebonbons** ebenfalls klein hacken. Die **Butter** in kleine Würfel schneiden. ❖ Erdnüsse und Schokoladen-Toffees mit **Zucker, Mehl** und **Backpulver** in einer Schüssel mischen. Butterstücke und **Erdnussbutter** dazugeben und mit den Händen alles zügig verkneten. ❖ Den Teig zu einer etwa 14 cm dicken Rolle formen, in Frischhaltefolie wickeln und 2 Stunden im Kühlschrank kalt stellen. ❖ Den Backofen auf 180 °C Umluft vorheizen. Ein Backblech mit Backpapier auslegen. ❖ Die gekühlte Teigrolle mit einem scharfen Messer in 12–14 Scheiben (à etwa 1–1,5 cm dick) schneiden. Die Teigscheiben mit ausreichendem Abstand auf das vorbereitete Backblech legen und weitere 10 Minuten kalt stellen. ❖ In den vorgeheizten Ofen schieben und 10–15 Minuten backen. Herausnehmen und die noch sehr weichen Erdnuss-Cookies auf dem Backblech auskühlen lassen. Die Cookies am besten in einer Dose aufbewahren.

❖ ❖ ❖

TIPP Die Erdnüsse und Toffees recht klein hacken, da sich der Teig sonst etwas schwer in Scheiben schneiden lässt. Sollte trotzdem etwas Teig abbröckeln, einfach wieder anlegen und in Form drücken.

omy

Create, share and decorate with your loved ones!

WWW.OMY.FR
#ILOVEOMY

ROULEAUX DE COLORIAGE GÉANT XXL
GIANT COLORING ROLLS

Format déroulé | Unrolled Size 100x180cm

THE ORIGINAL XXL

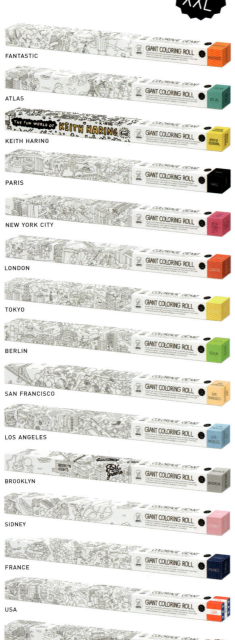

FANTASTIC

ATLAS

KEITH HARING

PARIS

NEW YORK CITY

LONDON

TOKYO

BERLIN

SAN FRANCISCO

LOS ANGELES

BROOKLYN

SIDNEY

FRANCE

USA

UK

POSTERS GÉANTS À COLORIER
GIANT COLORING POSTERS

Format déplié | Unfolded Size 70x100cm

VILLES ET PAYS / CITIES AND COUNTRIES

PARIS — NEW YORK — LONDON

BARCELONA — TOKYO — MADRID

BANGKOK — AMSTERDAM — BRUSSELS

BERLIN — FRANCE — ITALY

USA — GERMANY — SWITZERLAND

POUR LES PETITS / FOR KIDS

PYRAMID — MAGIC — COSMOS

GAMES — FOOTBALL — DINOS

POUR LES GRANDS / FOR GROWN-UPS

LA VIE EST BELLE — PATCHWORK — PARTY

POCKET GAMES & COLORING

Format déroulé | Unrolled Size 11x100cm

MAGIC

COSMOS

CITY

FANTASTIC

GAMME ANNIVERSAIRE
BIRTHDAY PARTY SET

CHAPEAUX PARTY HATS

BALLONS BALLOONS

GOBELETS PARTY CUPS

CARNETS À COLORIER / COLORING BOOKS

Format | Size 15x12cm

PARIS

NEW YORK CITY

LETTERS

MINERAL

CARTES POSTALES À COLORIER
COLORING POSTCARDS

Format | Size 11x15,5cm

ATLAS

NEW YORK CITY

PARIS

LONDON

SETS DE TABLE EN PAPIER / PAPER COLORING PLACEMATS

Format | Size 30x40cm

GAMES

FANTASTIC

KEITH HARING

CITY

USA

GRAPHIC 02

PUZZLES À COLORIER / COLORING PUZZLES

Format | Size 25x19cm

PARIS

NEW YORK CITY

LONDON

FANTASTIC

FEUTRES / FELT PENS

16 FEUTRES ULTRA-LAVABLES
16 ULTRAWASHABLE FELT PENS

16 FEUTRES MAGIQUES
16 MAGICAL FELT PENS

AFFICHES PHOSPHORESCENTES
GLOW IN THE DARK POSTERS

Format | Size 40x30cm

GRIZZLY

LOULA

BUNNY

LEO

STICKERS MURAUX REPOSITIONNABLES
REUSABLE WALL STICKERS

PARIS LONDON CITY

NEW YORK CITY FOOD ROBOTS

BARCELONA TOKYO FRANCE

NATURE COSMOS CITY

COLORING

À COLORIER
—
COLORING STICKERS

ACCESSOIRES À CUSTOMISER
CUSTOMIZABLE ACCESSORIES

SAC À DOS BACK PACK

SAC BANANE BELLY BAG

TROUSSE POUCH

CEINTURE D'ARTISTE COLORING BELT

OMY design & play . 2, rue Gabriel Laumain 75010 Paris France . www.omy.fr

TIPP Die Böden können einige Tage vorher gebacken und in einer Blechdose aufbewahrt werden. Apfelkompott gibt es immer auf Vorrat bei uns – mir fehlt zum perfekten Glück dann nur noch ein Klecks Sahne. Das restliche Apfelkompott anderweitig verwenden.

APFELKUCHEN-
Konfekt

Zubereitungszeit ca. 45 Minuten plus 90 Minuten Kühlzeit und ca. 27 Minuten Backzeit

Ergibt 8–10 Stück

Für das Kompott
1,2 kg Äpfel (z. B. Jonagold oder Topaz)
70 ml Zitronensaft
1 EL Bourbon-Vanillezucker
1 Zimtstange
1 Pimentkorn
¼ Sternanis
100 g Zucker
100 ml Apfelsaft
1 EL Amaretto
einige Zitronenzesten

Für den Teig
100 g Weizenmehl (Type 405) plus etwas Mehl zum Bestäuben
10 g Zucker
1 Prise Salz
60 g kalte Butter

Für das Topping
gesiebter Puderzucker zum Bestreuen (nach Belieben)
gemahlener Zimt zum Bestreuen (nach Belieben)

Außerdem
2 sterilisierte Gläser mit Schraubverschluss (à 500 ml Inhalt)
runder Ausstecher (Ø 8 cm)
runder Ausstecher (Ø ca. 3,5 cm)
Miniapfelausstecher (Ø ca. 1,5 cm)
Silikonform mit quadratischen Mulden (à ca. 5,5 × 5,5 cm, siehe Seite 207)
8–10 Backpapierkreise (Ø ca. 12 cm)
Linsen oder Backperlen

Für das Kompott die **Äpfel** schälen, halbieren, entkernen und klein würfeln. 1 kg Apfelwürfel in eine Schüssel geben, **Zitronensaft, Vanillezucker** und **Gewürze** zufügen und vermengen. ❖ Den **Zucker** in einen Topf geben und hell karamellisieren lassen. Die Apfelwürfelmischung mit **Apfelsaft, Amaretto** und **Zitronenzesten** einrühren und etwa 5 Minuten kochen, bis die Apfelstücke weich sind. ❖ Die Gewürze entfernen und etwa ein Drittel der Apfelmischung im Topf mit dem Stabmixer pürieren, dann mit der stückigen Masse mischen. Noch heiß in die beiden Gläser füllen und verschließen. ❖ Für den Teig das **Mehl** mit **Zucker** und **Salz** auf eine Arbeitsfläche geben. Die **Butter** klein würfeln, mit 1 EL kaltem Wasser über die Mehlmischung geben und mit den Händen rasch zu einem glatten Teig verkneten. Zu einem Rechteck formen, in Frischhaltefolie einschlagen und 60 Minuten kalt stellen. ❖ Die Arbeitsfläche mit **Mehl** bestreuen und den Teig etwa 2 mm dick ausrollen. Mit dem Ausstecher acht bis zehn Kreise (à Ø 8 cm) ausstechen. Die Kreise in die Mulden der Backform legen und 30 Minuten kalt stellen. ❖ Dann mit dem kleineren Ausstecher acht bis zehn Kreise (à Ø 3,5 cm) ausstechen, in die Kreise Miniäpfel stechen und auf ein mit Backpapier ausgelegtes Backblech legen. ❖ Inzwischen den Backofen auf 180 °C Umluft vorheizen. ❖ Die Backpapierkreise in die Teigmulden legen, mit Linsen füllen und im vorgeheizten Ofen 18 Minuten blindbacken. Das Backpapier mit den Linsen entfernen und weitere 5 Minuten backen. Herausnehmen und die Böden in der Form auskühlen lassen. ❖ Das Backblech mit den Apfelteigstücken in den Ofen geben und 4 Minuten goldgelb backen. Herausnehmen und auskühlen lassen. ❖ Jeden Boden mit etwa 1 EL Apfelkompott füllen, glatt streichen und mit einem Kreis mit Miniapfel dekorieren. ❖ Für das Topping nach Belieben etwas **Puderzucker** und **Zimt** mischen und das Apfelkuchen-Konfekt damit bestäuben.

Eines geht noch! · Widerstand zwecklos **167**

KAROTTENKÜCHLEIN
mit salzigen Gewürzstreuseln

Zubereitungszeit ca. 40 Minuten plus 45 Minuten Kühlzeit und ca. 15 Minuten Backzeit

Ergibt 12 Küchlein

Für die Streusel
½ Espressolöffel Anissamen (0,5 g)
30 g brauner Zucker
60 g Weizenmehl (Type 405)
20 g gehobelte Haselnusskerne
60 g kalte gesalzene Butter (demi-sel), in kleine Stücke geschnitten
Abrieb von ¼ Biozitrone

Für den Teig
30 g Karotte
2 zimmerwarme Eier (Größe M)
60 g weiche Butter
1 Msp. Vanillemark
60 g brauner Zucker
1 Prise Salz
60 g Weizenmehl (Type 405)
1 Msp. Backpulver
1 Msp. fein geriebene Ingwerwurzel

Für die Glasur
150 g Blond-Dulcey-Kuvertüre (siehe Seite 207; alternativ weiße Kuvertüre)

Außerdem
Minikuchen-Silikonform mit 12 rechteckigen Mulden (à ca. 3 × 8 cm)

Für die Streusel die **Anissamen** auf ein Küchenbrett legen und mit dem Nudelholz zerdrücken. Zerdrückten Anis, **Zucker, Mehl, Haselnüsse, Butterstückchen** und **Zitronenabrieb** in eine Schüssel geben, mit den Fingern vermischen und zu Streuseln verarbeiten. Abdecken und 45 Minuten kalt stellen. ❖ Den Backofen auf 180 °C Ober-/Unterhitze vorheizen. ❖ Für den Teig das **Karottenstück** schälen, 20 g abwiegen und mit einer Gemüsereibe fein raspeln. Die **Eier** trennen. ❖ Die **Butter** mit **Vanillemark** und **Zucker** in einer Schüssel mit dem Handmixer hell und schaumig rühren. Nach und nach das Eigelb in die Buttermasse rühren. ❖ Das Eiweiß mit dem **Salz** zu steifem Schnee schlagen. **Mehl** mit dem **Backpulver** vermischen. Dann Eischnee und Mehlmischung abwechselnd unter den Teig ziehen. Zuletzt geraspelte Karotte und **Ingwer** unterheben. ❖ Den Teig gleichmäßig in die Mulden der Mini-kuchen-Form füllen und mit den Streuseln bestreuen. Im vorgeheizten Ofen etwa 15 Minuten backen, bis die Streusel goldgelb sind. ❖ Für die Glasur die **Kuvertüre** in eine hitzebeständige Schüssel geben und im Wasserbad (Temperatur unter dem Siedepunkt halten) schmelzen. Mit einem Backpinsel Ränder und Unterseiten der Karottenküchlein bestreichen, kopfüber auf ein Kuchengitter setzen und trocknen lassen.

❖❖❖

TIPP Lecker, wenn die Streusel noch mit einem Hauch Zimt-Puder-zucker-Mischung bestäubt und die Küchlein lauwarm vernascht werden! Falls Streusel übrig bleiben, roh für später einfrieren oder auf einem Backblech mitbacken. In einer verschlossenen Dose sind sie ein leckerer Vorrat als Topping für Müsli, Eiscreme oder Früchte. Gern backe ich die Küchlein auch in einem Muffinblech. Die Backzeit verlängert sich dann auf etwa 25–30 Minuten.

ROSQUILLAS
mit Kardamom – meine Art

Auch dieses Gebäck hat mich auf einer Reise begeistert, ist es doch in Spanien die Antwort auf den Donut (ohne Hefe). Und meist hat man für dieses Rezept alles in der Vorratskammer parat. Es gibt unzählige Rosquillas-Varianten. Traditionell wird das Gebäck mit Anis zubereitet. Ich mag es besonders mit der Kardamomnote. Dazu passt Zitronen-Vanille-Quark als Dip.

Zubereitungszeit ca. 30 Minuten

Ergibt 17–19 Rosquillas
Für den Teig
12 Kardamomkapseln
300 g Weizenmehl (Type 405) plus
　　Mehl zum Bestäuben
8 g Backpulver
1 Prise Salz
3 zimmerwarme Eier (Größe M)
30 g Zucker
30 g brauner Zucker
3 EL Olivenöl
Abrieb von ¾–1 Biozitrone
Zum Ausbacken und Bestreuen
800 ml Olivenöl
Puderzucker zum Bestreuen
　　(nach Belieben)

Für den Teig die **Kardamomkapseln** öffnen und die Samen fein hacken. ❖ Das **Mehl** mit **Backpulver** und **Salz** sieben. **Eier** und beide **Zuckersorten** in eine Schüssel geben und mit dem Handmixer hell und schaumig aufschlagen. **Olivenöl, Zitronenabrieb** und Kardamom dazugeben und verrühren. ❖ Die Knethaken einsetzen. Die Mehlmischung in die Schüssel geben und verkneten. Die Masse auf eine **bemehlte** Arbeitsfläche geben und mit den Händen zu einem glatten Teig verarbeiten. ❖ Den Teig in 17–19 Portionen (à etwa 25 g) teilen, zu Kugeln formen und zu etwa 1 cm dicken Kreisen flach drücken. Mit dem Finger oder dem Stiel eines Kochlöffels jeweils in die Mitte ein 1–1,5 cm großes Loch stechen. ❖ Zum Ausbacken das **Olivenöl** in einen hohen Topf oder eine Fritteuse füllen und auf etwa 170 °C erhitzen. Um die Öltemperatur zu prüfen, ein Holzstäbchen in das heiße Fett halten. Sobald sich daran Bläschen bilden und aufsteigen, ist die Temperatur richtig. Nach Belieben **Puderzucker** auf einen Teller sieben. ❖ Die Teigringe portionsweise in das Fett gleiten lassen und von beiden Seiten goldbraun ausbacken, dabei darauf achten, dass die Ringe ausreichend Platz zum Schwimmen haben. Auf Küchenpapier legen und abtropfen lassen. ❖ Noch warm im Puderzucker wälzen und unbedingt frisch genießen.

Eines geht noch! · Widerstand zwecklos

Schwedische
LINGON-SCHNITTEN

Diese sensationellen Schweden-Schnitten lernte ich Anfang der 1980er-Jahre am Bodensee kennen – im Schloss des Grafen Lennart Bernadotte, dem Onkel des schwedischen Königs Carl XVI. Gustav. Und das kam so ...

Zubereitungszeit ca. 40 Minuten plus 80 Minuten Kühlzeit und 18–20 Minuten Backzeit

Ergibt 16–18 Schnitten
Für Teig und Füllung
170 g Weizenmehl (Type 405)
90 g gemahlene blanchierte Mandelkerne
50 g Zucker
1 Prise Salz
125 g kalte Butter, in kleine Stücke geschnitten
1 Eigelb (Größe M)
100 g Preiselbeeren aus dem Glas (alternativ selbst gemacht; siehe Seite 175)
Für den Guss
100 g Puderzucker
3–3 EL Zitronensaft

Für den Teig **Mehl, Mandeln, Zucker** und **Salz** auf die Arbeitsfläche geben. **Butterstückchen** und **Eigelb** hinzufügen und alles zu einem glatten Teig verkneten. Den Teig halbieren und jeweils zu einem Rechteck formen. Einzeln in Frischhaltefolie einwickeln und 60 Minuten kalt stellen. ❖ Den Backofen auf 180 °C Ober-/Unterhitze vorheizen. ❖ Zwei Bögen Backpapier auf die Maße von 16,5 × 23,5 cm zurechtschneiden. Auf jedem Blatt eine Teigportion etwa 5 mm dünn gleichmäßig auf die Größe des Backpapiers ausrollen. Teigplatten mit dem Backpapier auf ein Backblech ziehen und mehrmals mit einer Gabel einstechen. ❖ Für die Füllung die **Preiselbeeren** auf beiden Böden gleichmäßig verstreichen und 20 Minuten kalt stellen. ❖ Eine der Teigplatten auf die andere auflegen, sodass Fruchtschicht auf Fruchtschicht liegt, und das oben aufliegende Backpapier vorsichtig abziehen. In den vorgeheizten Ofen geben und 18–20 Minuten goldgelb backen. ❖ Herausnehmen und auf dem Backblech auskühlen lassen. ❖ Für den Guss **Puderzucker** und **Zitronensaft** verrühren, die Gebäckoberfläche damit bestreichen und trocknen lassen. Dann in etwa 2,5 × 8 cm große Schnitten schneiden und in einer Dose verwahren.

FORTSETZUNG auf der nächsten Seite.

Während unser Vater Eckart bis spätnachts im Schlosssaal für eine exklusive Raritätenweinprobe kochte, gab es für meinen Bruder Max und mich vom schwedischen Kindermädchen verbrannte Fischstäbchen, aber auch die besten Lingon-Schnitten der Welt.

FORTSETZUNG

Zubereitungszeit ca. 20 Minuten und 5 Minuten Kochzeit

Ergibt 2–3 Gläser
500 g Preiselbeeren
250 ml Rubinette-Apfelsaft (siehe Seite 207)
380 g Gelierzucker (3:1)
1–2 EL frisch gepresster Zitronensaft
1 dünne Scheibe frische Ingwerwurzel
1 kleines Stück Zimtstange

Außerdem
2–3 sterilisierte Gläser mit Schraubverschluss (à 350 ml)

Meine Preiselbeeren im Glas Die **Preiselbeeren** verlesen, im Sieb kurz abbrausen und abtropfen lassen. Die Beeren mit dem **Apfelsaft** in einen Topf geben. Den **Gelierzucker** einrühren und den **Zitronensaft** zugeben. **Ingwer** und **Zimt** in ein Gewürzsäckchen geben, verschließen und in den Topf mit den Beeren legen. ❖ Die Fruchtmischung unter Rühren zum Kochen bringen und etwa 5 Minuten kochen lassen. Das Gewürzsäckchen entfernen, die Preiselbeermasse noch heiß in die Gläser füllen und direkt verschließen.

TIPP „Lingon" ist Schwedisch und heißt übersetzt Preiselbeere. Original Lingon-Konfitüre bekommt man beispielsweise im Shop eines schwedischen Möbelhauses. Oder Sie machen sie selbst ein (siehe oben). Um die Schnitten zu dekorieren, nehme ich je nach Lust und Laune einen Lebensmittelstift oder fülle flüssige Kuvertüre in einen Spritzbeutel und beschrifte sie. Lecker schmeckt es auch, wenn der fast noch feuchte Guss mit kandierten Rosenblättern oder gefriergetrockneten Himbeeren bestreut wird.

Eines geht noch! · Widerstand zwecklos

COOKIES
mit Mandeln

Die Cookies mit Mandeln stehen bei meiner Tochter Marie sehr hoch im Kurs. Sie bunkert diese Superkekse regelrecht in einer abschließbaren Schublade. Ich kann sie so gut verstehen …

Zubereitungszeit ca. 30 Minuten plus 2 Stunden 10 Minuten Kühlzeit und 15–18 Minuten Backzeit

Ergibt 16–20 Cookies
40 g gemahlene (nicht blanchierte) Mandelkerne
50 g gemahlene blanchierte Mandelkerne
200 g kalte Butter
30 g backstabile Zartbitterschokotropfen
40 g Muscovadozucker
60 g brauner Zucker
200 g Weizenmehl (Type 405) plus Mehl zum Bestäuben
1 ½ TL Vanillepuddingpulver (5 g)
1 TL Bourbon-Vanillezucker
Abrieb von ¼ Biozitrone
Abrieb von ¼ Bioorange
Außerdem
runder Ausstecher (Ø ca. 7 cm)

Die beiden gemahlenen **Mandelsorten** in eine Pfanne geben, ohne Fettzugabe hell anrösten und abkühlen lassen. ❖ Die **Butter** in kleine Stücke schneiden. Die **Schokotropfen** klein hacken. ❖ Mandeln und Schokotropfen mit beiden **Zuckersorten, Mehl, Puddingpulver, Vanillezucker, Zitronen-** und **Orangenabrieb** in einer Schüssel gut vermischen. Die Butterstücke zugeben und mit den Händen alles zu einem glatten Teig verkneten. ❖ Den Teig zu einem flachen, dicken Rechteck formen, in Frischhaltefolie einschlagen und 2 Stunden im Kühlschrank kalt stellen. ❖ Ein Backblech mit Backpapier auslegen. Gekühlten Teig auf einer **bemehlten** Arbeitsfläche etwa 1 cm dick ausrollen und mit dem Ausstecher 16–20 Kreise (à Ø 7 cm) ausstechen, dabei die Teigreste verkneten, ausrollen und ausstechen, bis der Teig verbraucht ist. Die Teigkreise auf das vorbereitete Backblech legen und 10 Minuten kalt stellen. ❖ Inzwischen den Backofen auf 150 °C Ober-/Unterhitze vorheizen. Das Blech in den vorgeheizten Ofen schieben und 15–18 Minuten backen. ❖ Herausnehmen und die Cookies auf dem Blech auskühlen lassen.

❖❖❖

TIPP Bei Cookies denke ich eigentlich immer an runde Kekse, aber diesen Teig könnte man auch schön in Dreiecke schneiden.

Traditionell werden sie dort mit einer Marshmallow-Creme gegessen. Mir schmecken diese kleinen Whoopies auch mit Schoko- oder Fruchtfüllung. Wer möchte, kann noch Puderzucker darüberstäuben.

WHOOPIES
mit Limette und Himbeercreme

Whoopies haben ihren Ursprung in Amerika. Eine meiner Töchter hat sie während ihres Aufenthalts dort entdeckt.

Zubereitungszeit ca. 40 Minuten plus 8–10 Minuten Backzeit und 10 Minuten Kühlzeit

Ergibt 12 Whoopies
Für den Teig
120 g Weizenmehl (Type 405)
1 ½ TL Backpulver
60 g weiche Butter
60 g Zucker
2 zimmerwarme Eier (Größe M)
Abrieb von 1 ½ Biolimetten
Saft von 1 Limette
120 g Schmand

Für die Füllung
70 g Zucker
1 Eiweiß (Größe M)
1 Msp. Backpulver
1 Msp. Salz
80 g Puderzucker
20 g Himbeerpulver
   (alternativ Kirschpulver)

Außerdem
kleiner Eisportionierer (Ø 3,5 cm)
2 Whoopie-Backformen mit
   12 Mulden (à Ø 6–7 cm; alternativ
   2 12er-Muffinbleche)
Spritzbeutel mit 4-mm-Rosentülle

Den Backofen auf 180 °C Umluft vorheizen. ❖ Für den Teig das **Mehl** mit dem **Backpulver** vermischen. **Butter** und **Zucker** in einer Schüssel mit dem Handmixer gut schaumig aufschlagen. Nach und nach die **Eier** zugeben und einarbeiten. **Limettenabrieb, -saft, Schmand** und Mehlmischung hinzufügen und alles zu einem glatten Teig verrühren. ❖ Mit dem kleinen Eisportionierer den Teig in die Mulden der beiden Whoopie-Backformen füllen, in den vorgeheizten Ofen geben und 8–10 Minuten backen. ❖ Herausnehmen und die Whoopies auf einem Kuchengitter auskühlen lassen. ❖ Für die Füllung 70 ml Wasser in einen kleinen Topf geben und erhitzen. Den **Zucker** einrühren und etwa 5 Minuten einköcheln lassen, sodass man circa 70 ml Sirup erhält. ❖ Das **Eiweiß** mit **Backpulver** und **Salz** in einer Schüssel steif schlagen. Den noch warmen Zuckersirup bei maximaler Geschwindigkeit und unter ständigem Rühren in die Eiweißmasse fließen lassen. Dann den **Puderzucker** mit dem **Himbeerpulver** nach und nach in die Masse rühren. Die Eischneemasse so lange schlagen, bis sie eine feste, streichfähige und glänzende Konsistenz erreicht hat – das dauert etwa 15 Minuten. Die Creme 10 Minuten kalt stellen. ❖ Die Himbeercreme in den Spritzbeutel mit Rosentülle füllen. Die Hälfte der Whoopies umdrehen und je einen dicken Tupfen Creme aufspritzen. Dann die restlichen Whoopies daraufsetzen und frisch genießen.

❖ ❖ ❖

TIPP Eventuell übrig bleibende Himbeercreme in ein Schraubglas geben und als Brotaufstrich verwenden. Im Kühlschrank ist die Creme 1–2 Tage haltbar.

Eines geht noch! · Widerstand zwecklos **179**

CHURROS
in pikantem Gewürzzucker gewälzt

Zubereitungszeit ca. 35 Minuten

Ergibt ca. 20 Churros
Für den Gewürzzucker
100 g Puderzucker
½ TL Cayennepfeffer
¾ TL gemahlener Zimt
1 TL Bourbon-Vanillezucker
Für den Brandteig
70 g Weizenmehl (Type 405)
1 EL ungesüßtes Kakaopulver
   (Poudre de Cacao, siehe
   Seite 207)
55 g Butter
1 TL Puderzucker
¼ TL Salz
3 zimmerwarme Eier (Größe M)
800 g Butterschmalz
Außerdem
Spritzbeutel mit 7-mm-Sterntülle

Für den Gewürzzucker den **Puderzucker** mit **Cayennepfeffer, Zimt** und **Vanillezucker** in eine flache Schüssel sieben. ❖ Für den Brandteig das **Mehl** mit dem **Kakaopulver** sieben. Die **Butter** in Stücke schneiden, mit **Puderzucker, Salz** und 125 ml Wasser in einen Topf geben und erhitzen. ❖ Wenn die Butter vollständig geschmolzen und die Flüssigkeit kochend heiß ist, den Topf von der Herdplatte nehmen, die Mehlmischung einrieseln lassen und mit einem Schneebesen kräftig rühren, bis sich ein Kloß bildet, der sich vom Topfboden löst. ❖ Zurück auf den Herd stellen und nochmals 1–2 Minuten kräftig schlagen, bis der Topfboden mit einer weißlichen Schicht überzogen ist – das nennt man abbrennen. Den Teigkloß in eine Schüssel geben und 3–4 Minuten abkühlen lassen. ❖ Dann nacheinander die **Eier** zugeben, einzeln einarbeiten und so lange schlagen, bis der Teig eine geschmeidige Konsistenz hat. Den Brandteig in den Spritzbeutel mit Sterntülle füllen. ❖ Das **Butterschmalz** in einen hohen Topf oder eine Fritteuse geben und auf 160 °C erhitzen. Um die Öltemperatur zu prüfen, ein Holzstäbchen in das heiße Fett halten. Sobald sich daran Bläschen bilden und aufsteigen, ist die Temperatur richtig. ❖ Etwa 10 cm lange Teigstreifen in das heiße Fett spritzen und 2–3 Minuten bei mittlerer Hitze frittieren, dabei zwischendurch die Churros wenden. Je nach Topfgröße drei bis vier Stück auf einmal ausbacken. ❖ Fertige Churros auf Küchenpapier abtropfen lassen und noch heiß im Gewürzzucker wälzen. Frisch servieren.

❖ ❖ ❖

TIPP Meine beiden Töchter finden dieses spanische Gebäck hip und so musste das Rezept hier im Buch noch seinen Platz finden. Für sie ist es mega, wenn die Churros noch in Schokosauce gedippt werden.

POP TARTS
am Stiel

Pop Tarts kommen ursprünglich aus den USA und werden dort meist als Fertigprodukt in Form von rechteckigen Teigtaschen angeboten – gefüllt mit Schokocreme oder Marmelade und ...

Zubereitungszeit ca. 50 Minuten plus 90 Minuten Kühlzeit und 20–25 Minuten Backzeit

Ergibt 8–10 Pop Tarts
Für den Teig
120 g kalte Butter
160 g Weizenmehl (Type 405, plus
　　Mehl zum Bestäuben
½ TL Salz
Für die Füllung
100 g Doppelrahmfrischkäse
30 g Orangenmarmelade
30 g Orangen-Vanillezucker
　　(siehe Rezept Seite 185)
10 Amaretti
20 g Zartbitterkuvertüre,
　　klein gehackt
1 Ei (Größe M)

Für den Teig die **Butter** klein würfeln und 30 Minuten im Kühlschrank kalt stellen. ❖ Die Butterwürfel mit **Mehl** und **Salz** in eine Schüssel geben und mit dem Pie-Cutter (oder einer Gabel) die Zutaten verarbeiten, dabei entstehen kleine streuselartige Mehl-Butter-Bröckchen. 2 ½ EL Eiswasser zugeben und mit dem Pie-Cutter weiter verkneten. ❖ Die Teigmasse aus der Schüssel nehmen (es dürfen noch kleine Butterschlieren im Teig erkennbar sein, sie geben der Teighülle später den blättrigen Charakter), auf der Arbeitsfläche zügig zusammendrücken und zu einem dicken Rechteck formen. In Frischhaltefolie einschlagen und 60 Minuten im Kühlschrank kalt stellen. ❖ Den Backofen auf 180 °C Ober-/Unterhitze vorheizen. Ein Backblech mit Backpapier auslegen. ❖ Den gekühlten Teig auf der **bemehlten** Arbeitsfläche mit einem **bemehlten** Nudelholz etwa 4 mm dünn ausrollen. Mit dem Luftballon-Ausstecher 16–20 „Luftballons" (à Ø 8 cm) ausstechen, dabei Teigreste ausrollen und weiter ausstechen. Mit dem kleinen Kreisausstecher ein Loch (à Ø etwa 2 cm) in die Hälfte der Ballons stechen. ❖ Für die Füllung **Frischkäse** mit **Marmelade** und **Orangen-Vanillezucker** in eine Schüssel geben. Die **Amaretti** klein darüberbröseln, die **Kuvertüre** zugeben und alles verrühren. ❖ Die Ballons ohne Loch auf das vorbereitete Backblech legen und je etwa 1 TL der Füllung mittig platzieren. Etwas glatt streichen, dabei die Ränder frei lassen. Nach Belieben je einen Cake-Pop-Stiel so auf die Ballonenden legen, dass sie 1–2 cm auf dem Teig liegen. ❖ Das **Ei** aufschlagen, mit einer Gabel verquirlen und die Ränder um die Füllung mit einem Pinsel

FORTSETZUNG auf der nächsten Seite.

... überzogen mit viel dickem Zuckerguss. Für mich bestand der Reiz darin, aus diesem Trendgebäck für meine Workshops eine selbst gemachte Variante zu entwickeln. Wer also keinen Luftballon-, Herz- oder Stern-ausstecher zur Hand hat, schneidet Teigtaschen aus und füllt diese.

FORTSETZUNG

Für die Deko
30 g Zartbitterkuvertüre
30 g weiße Kuvertüre
30 g rote Cake Melts
    (siehe Seite 207)
kleine Zuckerperlen
    (nach Belieben)

Außerdem
Pie-Cutter (alternativ eine Gabel)
Luftballon-Ausstecher (Ø ca. 8 cm)
runder Ausstecher (Ø ca. 2 cm)
8–10 Cake-Pop-Stiele zum Backen
    (nach Belieben; siehe Seite 207)
3 Einwegspritzbeutel

dünn einstreichen. Die Ballonteigstücke mit Loch auflegen. Dann mit einem kleinen Holzspieß die Teigränder rundum zusammendrücken. Die fertigen Ballons dünn mit dem restlichen Ei bestreichen. In den vorgeheizten Ofen geben und 20–25 Minuten backen. ❖ Herausnehmen und das Gebäck auf einem Kuchengitter auskühlen lassen. ❖ Für die Deko **dunkle** und **weiße Kuvertüre** sowie **Cake Melts** jeweils getrennt klein hacken, in drei hitzebeständige Schüsseln geben und in Wasserbädern (Temperatur unter dem Siedepunkt halten) schmelzen. In die Spritzbeutel füllen, die Spitzen etwa 2 mm breit abschneiden und abwechselnd dünne Linien über die Luftballons ziehen. Abschließend die Pop Tarts nach Belieben mit **Zuckerperlen** verzieren.

❖ ❖ ❖

TIPP Die kleinen ausgestochenen Teigkreise nach dem Backen ebenfalls in den Ofen geben und goldgelb backen. Mit Puderzucker und Zimt bestreut, sind sie eine leckere Knabberei.

Zubereitungszeit 10 Minuten plus 24 Stunden Aromatisieren

Ergibt ca. 500 g
500 g Zucker
1 Bioorange
1 Vanillestange
1 kleine Zimtstange

Orangen-Vanillezucker selbst gemacht Den **Zucker** in eine Schüssel geben. Die **Orange** waschen, abtrocknen und die Schale fein abreiben. Die **Vanillestange** längs aufschlitzen und das Mark herauskratzen. Orangenabrieb und Vanillemark zum Zucker geben und gut vermischen. ❖ Den aromatisierten Zucker mit **Zimtstange** und ausgekratzter Vanillestange in ein großes Vorratsglas füllen, luftdicht verschließen und mindestens 24 Stunden aromatisieren.

MARMORKUCHEN
doppelt marmoriert

**Zubereitungszeit ca. 45 Minuten
plus 15–20 Minuten Backzeit**

Ergibt 15–18 Stück
Für den dunklen Teig
25 g ungesüßtes Kakaopulver
    (Poudre de Cacao, siehe
    Seite 207)
65 g Zucker
4 EL Milch
1–2 TL Rum (nach Belieben)
20 g Weizenmehl (Type 405)
¼ TL Backpulver
60 g gemahlene blanchierte
    Mandelkerne
1 zimmerwarmes Ei (Größe M)
60 g weiche Butter
1 Msp. Salz
Für den hellen Teig
20 g Weizenmehl (Type 405)
¼ TL Backpulver
60 g gemahlene blanchierte
    Mandelkerne
1 zimmerwarmes Ei (Größe M)
60 g weiche Butter
50 g Zucker
1 Msp. Salz
Für die Glasur
150 g Zartbitterkuvertüre
70 g weiße Kuvertüre
Außerdem
Einweg-Doppelkammerspritz-
    beutel (siehe Seite 207)
Silikonbackform mit 15 würfelförmi-
    gen Mulden (à ca. 3,5 × 3,5 cm,
    siehe Seite 207)

Den Backofen auf 180 °C Umluft vorheizen. ❖ Für den dunklen Teig das **Kakaopulver** mit 1 EL **Zucker, Milch** und nach Belieben **Rum** in einer kleinen Schüssel glatt rühren. Das **Mehl** mit **Backpulver** und **Mandeln** mischen. ❖ Das **Ei** trennen. **Butter** und Eigelb mit dem Handmixer schaumig rühren, dann den restlichen **Zucker** unter Rühren einrieseln lassen. Die Kakaomischung zugeben und einarbeiten. ❖ Das Eiweiß mit dem **Salz** zu steifem Eischnee schlagen. Die Mandelmischung in zwei Portionen abwechselnd mit dem Eischnee unter die Buttermasse ziehen. ❖ Für den hellen Teig das **Mehl** mit **Backpulver** und **Mandeln** mischen. Das **Ei** trennen. **Butter** und Eigelb mit dem Handmixer schaumig rühren, dann den **Zucker** unter Rühren einrieseln lassen. ❖ Das Eiweiß mit dem **Salz** zu Eischnee schlagen. Die Mandelmischung in zwei Portionen abwechselnd mit dem Eischnee unter die Buttermasse ziehen. ❖ Beide Teige in den Doppelkammer-Spritzbeutel füllen, die Spitze abschneiden und die Würfelformen zu etwa drei Vierteln füllen (eventuell übrig bleibenden Teig später backen). Die Backform in den vorgeheizten Ofen stellen und 15–20 Minuten backen – kurz vor Ende der Backzeit mit einem Holzspieß eine Garprobe machen. ❖ Herausnehmen und die gebackenen Würfel in der Form abkühlen lassen. Dann vorsichtig aus den Vertiefungen herausdrücken und auf ein Kuchengitter setzen. Falls Teig übrig geblieben ist, diesen in einige Mulden der Form füllen und wie beschrieben ebenfalls backen. ❖ Für die Glasur **dunkle** und **weiße Kuvertüre** getrennt in zwei hitzebeständige Schüsseln geben und jeweils im Wasserbad (Temperatur unter dem Siedepunkt halten) schmelzen. Nach Belieben die Würfel mit beiden Kuvertüren glasieren.

186 Eines geht noch! · Widerstand zwecklos

TIPP Für besonders hübsche Muster beim Verzieren: erst die dunkle Kuvertüre auftragen, etwas antrocknen lassen, dann mit der weißen Kuvertüre auf die Würfel Punkte oder Striche träufeln und einen kleinen Holzspieß kreisend durchziehen. Alternativ zum Doppelkammerspritzbeutel die Teige jeweils in zwei einfache Spritzbeutel füllen und abwechselnd in die Vertiefungen der Backform spritzen.

SCHOKOLADEN-WHOOPIES
mit Nugatfüllung

Zubereitungszeit ca. 40 Minuten plus Ruhezeit über Nacht, 4 Stunden Kühlzeit und 8–10 Minuten Backzeit

Ergibt ca. 6 Whoopies

Für die Kirschen
20 schöne Kirschen mit Stiel
Schokoladenlikör zum Beträufeln

Für die Füllung
90 g Nugat
50 g Vollmilchkuvertüre
100 g Sahne

Für den Teig
70 g weiche Butter
50 g brauner Zucker
2 zimmerwarme Eier (Größe M)
80 g Weizenmehl (Type 405)
1 (gestrichener) TL Backpulver
1 TL ungesüßtes Kakaopulver
 (Poudre de Cacao; siehe
 Seite 207)
¼ TL gemahlener Zimt

Außerdem
kleiner Eisportionierer (Ø 3,5 cm)
1 Whoopie-Backform mit 12 Mulden (à Ø 6–7 cm); alternativ ein
 12er-Muffinblech)
Spritzbeutel mit 8-mm-Rosentülle

Für die Kirschen einen Tag vorher die **Früchte** mit Stiel vorsichtig waschen und rundum mit einer Nadel einstechen. In eine Form geben, mit **Schokoladenlikör** bedecken und über Nacht im Kühlschrank ziehen lassen. ❖ Für die Füllung **Nugat** und **Vollmilchkuvertüre** klein hacken. Mit der **Sahne** in eine hitzebeständige Schüssel geben und im Wasserbad (Temperatur unter dem Siedepunkt halten) schmelzen. Die Masse durchrühren, vom Wasserbad nehmen, etwas abkühlen lassen und 4 Stunden abgedeckt im Kühlschrank kalt stellen. ❖ Den Backofen auf 180 °C Umluft vorheizen. ❖ Für den Teig die **Butter** mit **Zucker** und **Eiern** in eine Schüssel geben und mit dem Handmixer cremig schlagen. Das **Mehl** mit **Backpulver, Kakaopulver** und **Zimt** in einer Schüssel vermengen und die Mehlmischung gut in die Buttermasse rühren. ❖ Mit dem Eisportionierer den Teig in die Mulden der Whoopie-Backform füllen und im vorgeheizten Ofen 8–10 Minuten backen. Herausnehmen und die Whoopies auf einem Kuchengitter auskühlen lassen. ❖ Die Kirschen aus dem Likör nehmen und auf einem Kuchengitter abtropfen lassen. ❖ Die Hälfte der Whoopies umdrehen. Die Schokoladenfüllung mit dem Handmixer hell und cremig aufschlagen. In den Spritzbeutel mit Rosentülle füllen und etwa drei Viertel der Creme spiralförmig auf die umgedrehten Whoopies spritzen. Die restlichen Whoopies aufsetzen und mit einem Tupfen Schokoladencreme versehen. Zum Schluss je eine Kirsche daraufsetzen.

❖❖❖

TIPP Wer alkoholfreie Whoopies zubereiten möchte, setzt die Kirschen frisch auf die Whoopies. Auch Kirschstücke auf den Cremetupfen sehen sehr hübsch aus.

Eines geht noch! · Widerstand zwecklos **189**

SCHOKOMUFFINS
„Bavarian Style"

Zubereitungszeit ca. 50 Minuten plus 30 Minuten Kühlzeit und 10–12 Minuten Backzeit

Ergibt 16–18 Muffins

Für die Füllung
1 Blatt weiße Gelatine
25 g Zucker
1 Msp. Vanillemark
1 Eigelb (Größe M)
125 g gut gekühlte Sahne
½ EL Kirschwasser

Für den Teig
30 g Butter plus Butter
   zum Einfetten
60 g feiner Zucker
1 zimmerwarmes Ei (Größe M)
60 g Naturjoghurt (3,5 % Fett)
60 g Weizenmehl (Type 405)
¼ TL Backpulver
¼ TL Natron
15 g ungesüßtes Kakaopulver
   (Poudre de Cacao, siehe
   Seite 207)
1 Msp. Salz

Für die Deko
100 g Zartbitterkuvertüre
20 g Mandelblättchen
20 Minilaugenbrezel
   (Knabbergebäck)

Außerdem
Spritzbeutel mit 8-mm-Rosentülle
Einwegspritzbeutel
24er-Minimuffinblech

Für die Füllung die **Gelatine** in kaltem Wasser einweichen. **Zucker, Vanillemark** und **Eigelb** in einer Schüssel mit dem Handmixer hell und cremig aufschlagen. Die **Sahne** halbfest schlagen. Das **Kirschwasser** in einem kleinen Topf etwas erwärmen, die Gelatine ausdrücken und darin auflösen. ❖ 1–2 EL Sahne unter die aufgelöste Gelatine rühren, dann die Gelatinemischung unter die restliche Sahne heben. Die Eigelb-Zucker-Masse einrühren und etwa 30 Minuten kalt stellen. Sobald die Creme fest zu werden beginnt, in den Spritzbeutel mit Rosentülle füllen und bis zur Verwendung kalt stellen. ❖ Inzwischen den Backofen auf 180 °C Umluft vorheizen. 16–18 Mulden des Muffinblechs mit **Butter** einfetten. ❖ Für den Teig die **Butter** in einem kleinen Topf zerlassen und abkühlen lassen. **Zucker, Ei** und **Joghurt** mit dem Handmixer gut verrühren. ❖ **Mehl, Backpulver, Natron, Kakaopulver** und **Salz** mischen. Die Joghurtmasse in die Mehlmischung rühren, dann die flüssige Butter einarbeiten. In den Einwegspritzbeutel füllen, die Spitze etwa 5 mm breit abschneiden und die vorbereiteten Mulden der Form drei Viertel hoch mit Teig füllen. Im vorgeheizten Ofen 10–12 Minuten backen – kurz vor Ende der Backzeit mit einem Holzspieß eine Garprobe machen. ❖ Herausnehmen und kurz abkühlen lassen. Dann die Muffins aus der Form lösen und auf einem Kuchengitter auskühlen lassen. ❖ In der Zwischenzeit für die Deko die **Kuvertüre** in eine kleine hitzebeständige Schüssel geben und im Wasserbad (Temperatur unter dem Siedepunkt halten) schmelzen. Die **Mandelblättchen** in der Hand zerdrücken und in eine flache Schüssel streuen. Die **Minilaugenbrezel** vollständig in die Kuvertüre tauchen, auf das Mandelbett legen und trocknen lassen. ❖ Kurz vor dem Servieren den Spritzbeutel aus dem Kühlschrank nehmen, Cremetupfen auf die Muffins spritzen und mit den Schokobrezeln dekorieren.

190   Eines geht noch! · Widerstand zwecklos

TIPP Die Schokomuffins am besten frisch vernaschen – oder bis zum Servieren kalt stellen.

MEIN KLEINES
1x1 des Backens

*Damit das Kuchenglück gut gelingt,
habe ich ein paar Dinge für Sie
zusammengefasst und einige Tipps/
Anregungen notiert.*

BASICS
und Equipment

Es gibt natürlich eine unglaublich große Auswahl an Utensilien für uns Kuchenbäcker. Ich habe die Erfahrung gemacht, dass sich eine qualitativ hochwertige Basisausstattung lohnt. Im zweiten Schritt würde ich das Ganze dann ausbauen, je nachdem wie oft und wie aufwendig gebacken wird.

Folgende Basics empfehle ich:
- Waage mit Digitalanzeige
- Teigschaber aus weichem Gummi
- Teigroller
- Schneebesen
- Küchenreibe (fein)
- Winkelpalette (klein und groß)
- Streichpalette (mittel)
- Backpinsel mit Naturborsten

- Messbecher
- Kochlöffel
- Handmixer mit Quirl und Knethaken
- Loch-, Rosen- und Sternbandtüllen in verschiedenen Größen (klein, mittel und groß)
- Sieb (klein und mittel)
- Kuchengitter
- Edelstahl-Rührschüsseln in unterschiedlichen Größen
- Backpapier
- Einwegspritzbeutel
- Holzstäbchen

Angaben zu von mir verwendeten Backformen finden Sie auf Seite 207.

WARENKUNDE
und Tipps

Damit Kuchen, Kekse, Törtchen etc. gelingen und gut schmecken, braucht es beste Zutaten!

Beim Einkauf von **Eiern** achte ich darauf, dass sie aus artgerechter und biologischer Haltung stammen. In einigen Rezepten gebe ich die Eigröße an. Damit der Teig die richtige Konsistenz hat, ist die Verwendung dieser Größe wichtig. Möglicherweise wird die Masse sonst zu flüssig oder fest. Ein Eigelb der Größe M wiegt etwa 20 g, das Eiweiß circa 30 g. Wenn Eier und Butter die gleiche Temperatur für die Teigherstellung haben sollen, nehme ich beides etwa 2,5 Stunden vorher aus dem Kühlschrank.

Butter und **Öl** sind wegen ihres Geschmacks für mich eine besonders wichtige Zutat beim Backen. Das ist unter anderem ein Grund, warum ich in meinen Rezepten keine Margarine verwende. Wenn weiche Butter im Rezept gebraucht wird, verwende ich immer mild gesäuerte Butter. Diese nehme ich etwa 2,5 Stunden vorher oder schon am Vorabend aus dem Kühlschrank. Um Gebäck zu frittieren, verwende ich Butterschmalz, Raps- oder Sonnenblumenöl. Diese Sorten lassen sich gut erhitzen, ohne dabei zu verbrennen.

Sahne lässt sich am besten aufschlagen, wenn sie gut gekühlt verwendet wird. Es gibt unterschiedliche Fettstufen – ich verwende meist die mit 32 % oder 35 % Fettanteil. Bitte keine Kochsahne verwenden, denn sie wird beim Schlagen nicht fest! Saure Sahne verwende ich auch gern in meinen Rezepten: Mit ihrem säuerlichen Geschmack gibt sie dem Gebäck oder der Creme einen erfrischenden Geschmack. Im Teig mitverwendet, macht sie den Teig lockerer.

Beim **Mehl** verwende ich je nach Art des Gebäcks meist Weizenmehl der Type 405 und Type 550. Da ich den nussigen Geschmack von Dinkel mag, verwende ich bei einigen Rezepten Dinkelmehl Type 630. Es lässt sich wie Weizenmehl einsetzen. Bei Biskuitmassen sollte das Mehl vor der Verwendung gesiebt werden. Dadurch verteilt es sich besser im Teig und die Konsistenz wird fluffig.

Meist verwende ich feinen **Backzucker.** Er ist in seiner Körnung feiner als der normale Zucker. Dadurch löst er sich schneller bei der Zubereitung auf. Backzucker gibt dem Gebäck nicht nur die Süße, sondern durch das Aufschlagen auch Volumen und Struktur.

Brauner Zucker verleiht dem Gebäck eine leichte Karamellnote und auch der feuchte Muscovado-Rohrohrzucker bringt je nach heller oder dunkler Sorte eine interessante Note von honig- und leicht lakritzartigem Geschmack in das Gebäck. Zur Dekoration oder zur Herstellung von Frostings und feinen Teigen nehme ich Puderzucker.

Sobald **Kuvertüre** ins Spiel kommt, ist mir gute Qualität besonders wichtig. Diese ist meist im herkömmlichen Supermarkt schwierig zu bekommen. Am liebsten verwende ich Zartbitterkuvertüre mit einem Kakaoanteil von 70 % in Form von Callets, da sie sich einfacher dosieren und schneller schmelzen lassen. Der Unterschied zwischen Kuvertüre und Schokolade liegt im Anteil an Kakaobutter. Dieser muss bei Kuvertüre mindestens bei 31 % liegen. Eine Ausnahme macht die weiße Kuvertüre: Sie muss mindestens 20 % Kakaobutter enthalten.

Die richtige Temperatur bei der Verwendung von Kuvertüre ist sehr wichtig. Wird die als Überzug verwendete Kuvertüre beispielsweise grau, ist sie zu heiß geschmolzen worden.

Am besten geben Sie die gehackte Kuvertüre in eine (Edelstahl-)Schüssel. Dann füllen Sie einen Topf mit etwas Wasser und setzen die Schüssel auf den Topf. Hier ist darauf zu achten, dass Schüsselboden und Wasseroberfläche nicht in Berührung kommen. Kuvertüre bei mittlerer Wärmezufuhr (Wasser unter dem Siedepunkt halten) unter ständigem Rühren zum Schmelzen bringen, bis sie eine glatte Konsistenz hat. Dunkle Schokolade sollte maximal auf 55 °C, Vollmilchschokolade auf 50 °C und weiße Schokolade auf 45 °C erhitzt werden. Das kann mit einem Küchenthermometer gut kontrolliert werden. Kuvertüre vor der Weiterverarbeitung auf etwa 28 °C abkühlen lassen. In den Rezepten habe ich das etwas vereinfacht und als Lippentest beschrieben: Mit einem Finger etwas Kuvertüre auf die Unterlippe tupfen – zur Weiterverarbeitung sollte sie sich „kühl" anfühlen.

Beim Schmelzen darauf achten, dass keine Flüssigkeit in die Kuvertüre gelangt, da sie sonst verklumpt und sich nicht mehr weiterverarbeiten lässt.

Angebrochene Kuvertüre luftdicht verpacken. Bis zur weiteren Verwendung kühl (nicht im Kühlschrank) und trocken aufbewahren. Bereits geschmolzene Kuvertürereste in eine Gefrierbox füllen und verschließen. Sie können zur weiteren Verwendung wieder wie oben beschrieben geschmolzen werden.

Mein kleines 1x1 des Backens **197**

Nüsse sind für mich eine wichtige geschmackvolle Zutat. Für ein besonders intensives Aroma empfiehlt es sich, die Nüsse frisch zu mahlen. Damit sie nicht ranzig werden, kleine Mengen einkaufen und rasch verarbeiten. Am besten bewahrt man sie kühl und in einer luftdicht verschlossenen Box auf.

Der frische Abrieb von **Zitrusfrüchten** sorgt für ein besonderes Aroma und hebt den Geschmack im Gebäck. Dafür verwende ich reife Biofrüchte. Früchte vor der Verwendung mit heißem Wasser waschen und trocknen. Um einen feinen Abrieb zu bekommen, nehme ich eine feine Küchenreibe. Abgeriebene Zitrusfrüchte auspressen, den Saft direkt verwenden oder einfrieren.

Bourbonvanille kann in unterschiedlichen Formen verwendet werden. Wird sie als ganze Stange verwendet, lege ich die Schote auf ein Brett, schneide sie mit einem spitzen Messer der Länge nach auf und klappe die Seiten auseinander, um das Mark herauszukratzen. Auch die ausgekratzte Schote ist ein hervorragender Aromaträger; sie kann in die Zuckerdose gesteckt oder bei Fruchtaufstrichen mitgekocht werden. Manchmal kommt in den Rezepten auch Bourbon-Vanillezucker zum Einsatz. Hier werden Zucker und Vanillemark vermahlen.

TIPPS Ich finde, **Knetteige** lassen sich leichter verkneten, wenn die Zutaten in eine Schüssel gegeben werden. Anders als beim Verkneten auf der Arbeitsfläche lassen sich die Zutaten durch die räumliche Begrenzung leichter und sauberer verbinden als auf der Arbeitsfläche. Für die Zubereitung dieser Teige trage ich am liebsten Einweghandschuhe.

Rührteige lassen sich gleichmäßiger und sauberer in kleine Formen spritzen, wenn der Teig in einen Spritzbeutel gefüllt wird. Die Spitze nicht zu groß abschneiden, damit das Einfüllen leichter zu dosieren ist. Das gilt ebenfalls für Cremes und Füllungen.

Spritzbeutel lassen sich am besten befüllen, indem die Tülle aufgesetzt und die obere Öffnung mehrmals locker eingedreht wird (so kann beim Befüllen nichts auslaufen). Den Beutel in einen hohen Rührbecher stellen und das obere Drittel umschlagen (wie bei einer Manschette).

Nach dem Einfüllen den Beutel glatt ziehen, dann auf die Arbeitsfläche legen und die Masse vorsichtig nach unten streichen. Nun das obere Ende des Beutels eindrehen und die Masse vorsichtig aus dem Beutel drücken.

Backpapier lässt den gebackenen Kuchen leichter aus der Form gleiten. Um den Boden mit Backpapier auszulegen, nimmt man ein größeres Stück und legt es auf den Boden der Springform. Darauf wird das Seitenteil gesetzt und der Bogen eingespannt. Ränder mit Fett ausstreichen und je nach Länge ein oder zwei Streifen Backpapier zurechtschneiden und an den Rand drücken.

Tortenböden gut abkühlen lassen, bevor sie durchgeschnitten werden. Zum Durchschneiden ein großes Wellenschliffmesser verwenden, damit lassen die Böden sich gleichmäßiger und gerade schneiden.

Übriges **Eiweiß** und **Eigelb** lässt sich verschlossen im Kühlschrank 2 Tage aufbewahren. Es kann auch etwa 10 Monate eingefroren werden. Das pure Eiweiß oder Eigelb in eine gefrierstabile Box geben. Mit Datum und Grammangabe kennzeichnen und im Tiefkühler aufbewahren. Vor der Verwendung im Kühlschrank auftauen lassen.

Zur sofortigen Verarbeitung von Eiweiß- und Eigelbresten empfehlen sich zum Beispiel Marshmallows, Baisers, Curds oder Eierlikör.

Um richtig festen **Eischnee** zu bekommen, ist es wichtig, frische Eier vorsichtig zu trennen. Dabei ist darauf zu achten, dass kein Eigelb mit in die Schüssel zum Eiweiß kommt. Am besten lässt sich Schnee in einer (gut gereinigten) Edelstahl- oder Glasschüssel schlagen.

Ofen und Herd: Hier gleicht kein Modell dem anderen. Deshalb haben Sie bitte immer einen Blick auf Ihren Ofen und den Herd, um gegebenenfalls die Backzeit oder die Temperatur der Platte den Erfordernissen anzugleichen.

Ich liebe **Blumen** und für einige Törtchen habe ich verschiedene Blüten zur Dekoration verwendet. Im eigenen Garten finden sich viele Schätze wie Holunderblüten, Rosen, Gänseblümchen oder Lavendel. Vor dem Anschneiden des Gebäcks entferne ich die Blumendeko wieder – es sei denn, die Blüten sind ungespritzt und essbar. Bitte informieren Sie sich vorab immer, ob das der Fall ist!

DANK

Danksagung – ich finde, das hört sich immer so feierlich an. Und so ist mir auch zumute.

Damit solch ein Buch entstehen kann, bedarf es weit mehr als nur der Rezepte. Viele Menschen haben daran mitgewirkt. Ich möchte niemanden vergessen und an dieser Stelle sagen, wie unglaublich froh und dankbar ich für alle bin, die mich bei diesem Projekt unterstützt und inspiriert haben.

Allen voran möchte ich meinem wunderbaren Mann **Volker Debus** danken, der nicht nur mit unendlicher Geduld sämtliche Bildwünsche von mir ins Leben gerufen, sondern auch ins rechte Licht gerückt hat. Ich danke dir für deine Unterstützung und Motivation! Du bist nicht nur mein größtes Glück, sondern mein Zuhause.

Danke an meinen Bruder **Max** für seine treffenden guten Worte und seinen wertvollen Rat! Es tut so gut, dass du da bist! Danke an meine **Familie,** unsere **Freunde** und **Nachbarn,** die nicht schlapp machten und sich immer wieder mit Freude zum Kuchenessen bereiterklärt haben.

Ohne die richtigen Teller und das passende Geschirr wirkt der schönste Kuchen nicht. Liebe **Petra Lindenbauer** (www.petralindenbauer.at), hab vielen Dank für deine Auswahl an wunderschönen Keramiktellern, die du mir zur Verfügung gestellt hast, um den süßen Stückchen den richtigen Untergrund zu geben!

Birgit Kranzl (www.birgitkranzl.com), wenn du da bist, weiß ich, mein Gesicht und meine Haare sind in den besten Händen und die Vibrations am Set stimmen. Danke für deine liebe Freundschaft und Unterstützung!

Ein Dankeschön an meine liebe Freundin **Ines,** ein Multitalent und der gute Geist bei der Produktion!

Danke an **Sarah Stiller** vom „My Cottage Garden"-Blog (www.mycottagegarden.de), in deren Gartenparadies wir so wunderschöne Bilder machen konnten. Ganz nach dem Motto: Das Gute liegt so nah!

Danke an meine Schwiegermama **Esther Debus** für die Schätze aus ihrem Haushalt, die unseren Fundus so bereichern und somit ein Stück jahrzehntelanger Familiengeschichte in das Buch einfließen lassen.

Danke, **Thomas Maier,** für deine langjährige Freundschaft sowie für das Sinnieren über Rezepturen und vieles, vieles mehr!

Danke, **Jasmin,** für deine innige Verbindung und Unterstützung, die uns so ganz besonders wertvoll und nicht in Worte zu fassen ist. Deshalb lassen wir das einfach so stehen …

Törtchen brauchen hübsche Tortenplatten, die wir unter anderem in **Alexandra Brauns** „Vergiss mein nicht" (www.das-vergissmeinnicht.de) gefunden haben.

Last, but not least: Danke an das gesamte Team vom **Becker Joest Volk Verlag!** Danke für euer Vertrauen und die Umsetzung einer süßen Idee in ein wunderschön gestaltetes und gebundenes Buch!

Der Einkaufs- und Ernährungsassistent für unsere Kochbücher

Abschreiben oder Abfotografieren war gestern
Rezepte aus unseren Kochbüchern lassen sich kostenlos auf **www.mengenrechner.de** an die Personenzahl und individuelle Portionsgrößen anpassen und als E-Mail auf Ihr Smartphone schicken oder gleich dort aufrufen. Zutaten lassen sich streichen, neue Zutaten ergänzen.

Rezept- und Zutatenfilter
Suchen Sie zum Beispiel nach veganen, vegetarischen, glutenfreien, laktosefreien oder nach Rezepten mit Zutaten, die Sie noch vorrätig haben. Speichern Sie Lieblingsrezepte und Einkaufslisten.

Persönlicher Ernährungsassistent
Sortieren Sie Rezepte nach Kalorien, Kohlenhydraten, Fett- oder Eiweißgehalt. Berechnen Sie wissenschaftlich Ihren täglichen Kalorienbedarf und -verbrauch. Legen Sie Maximalwerte für Kalorien- oder Kohlenhydrataufnahme fest. Führen Sie Tagesprotokolle mit Nährwertbilanz.

ZUTATEN-
Register

Amaretto
Apfelkuchen-Konfekt 167
Kartoffel-Tartes 124
Apfel
Apfelkuchen-Konfekt 167
Apfelstrudel in der Dose gebacken 152
Bratapfel-Cupcakes mit zweierlei Topping 102
Flammkuchen mit Apfel und süßem Basilikumpesto 27
Apfelringe, getrocknete
Minizupfbrot mit Honig, Apfel und Cranberrys 55
Aprikose
Amerikaner „sunny side up" 112
Aprikosendatschi mit Vanillegrießcreme in Filoteig 244
Aprikosenfruchtaufstrich
Aprikosen-Nuss-Tartelettes 116

Falsche Baumkuchen mit Matcha-Glasur 147
Aprikosen, getrocknete
Coffee Cakes mit Schokomousse 78
Avocado
Cheesecake mit Avocado, Rhabarbermantel und Streuseln 115

Banane
Pavlovas mit weißer Schokolade und gebratenen Bananen 134
Bananenpulver
Cinnamon-Schnecken 44
Basilikum
Flammkuchen mit Apfel und süßem Basilikumpesto 27
Bier, dunkles
Glasierte Schoko-Bier-Küchlein 32

Birne
Birnen-Feigen-Aufstrich 97
Miniquarkkrapfen mit Birnen-Sanddorn-Füllung 47
Gewickelte Kaffee-Feigen-Törtchen 94
Blätterteig
Blätterteigravioli mit Ziegenkäse 36
Gefüllte Pailles 24
Orientalische Ecken 158
Rhabarbertarte-Doppeldecker 12
Blaubeeren
Haferkeks-Crumbles mit Rhabarber und Blaubeeren 19
Blond-Dulcey-Konfitüre
Karottenküchlein mit salzigen Gewürzstreuseln 168
Blüten, essbare
Gewickelte Kaffee-Feigen-Törtchen 94

Blütenhonig
Flammkuchen mit Apfel und süßem
    Basilikumpesto 27
Brioche
Briochescheiben mit Schoko gefüllt 35
Butterkekse
Naked-Cake-Brownie mit
    Chai-Latte-Cremefüllung 74
Buttermilch
Gefüllte Schoko-Donuts mit
    Hibiskusblütenglasur 123
Mirror-Glace-Törtchen mit Erdbeeren und
    Holunderblüten 80
Butterschmalz
Churros in pikantem Gewürzzucker
    gewälzt 180
Topfen-Strudelstangen mit Beerendip 130

Cake Melts
Pop Tarts am Stiel 182
Chai-Latte-Pulver
Gefüllte Schoko-Donuts mit
    Hibiskusblütenglasur 123
Naked-Cake-Brownie mit
    Chai-Latte-Cremefüllung 74
Chiasamen
Rosinen-Nuss-Kringel 40
Cranberrys, getrocknete
Coffee Cakes mit Schokomousse 78
Minizupfbrot mit Honig, Apfel und
    Cranberrys 55

Datteln
Walnuss-Dattel-Schokorolle im Glas 161
Doppelrahmfrischkäse
Bratapfel-Cupcakes mit zweierlei
    Topping 102
Cheesecake mit Avocado,
    Rhabarbermantel und Streuseln 115
Gefüllte Minzröschen 56
Gefüllte Schoko-Donuts mit
    Hibiskusblütenglasur 123
No-bake New York Cheesecakes 15

Erdbeeren
Mirror-Glace-Törtchen mit Erdbeeren
    und Holunderblüten 80
Mohn-Tarte-Schnittchen mit
    Erdbeeren 154
Sauerrahmtörtchen geschichtet mit
    Erdbeeren und Kokosspänen 88
Erdbeerfruchtaufstrich
Mohn-Tarte-Schnittchen mit
    Erdbeeren 154
Sauerrahmtörtchen geschichtet mit
    Erdbeeren und Kokosspänen 88

Erdnussbutter
Erdnuss-Cookies 164
Erdnusskerne
Cookies 164

Feige
Gewickelte Kaffee-Feigen-Törtchen 94
Feigen, getrocknete
Kaffee-Feigen-Likör 97
Filo-Teigblätter
Aprikosendatschi mit Vanillegrießcreme
    in Filoteig 144

Gewürzspekulatius
Flammkuchen mit Quitte und Spekulatius
    nach Calzone-Art 28
Granatapfelkerne
Topfen-Strudelstangen mit Beerendip 130
Grand Marnier
Törtchen à la Concorde 90

Haferflockenkekse
Haferkeks-Crumbles mit Rhabarber und
    Blaubeeren 19
Haselnusskerne
Aprikosen-Nuss-Tartelettes 116
Coffee Cakes mit Schokomousse 78
Karottenküchlein mit salzigen
    Gewürzstreuseln 168
Kleine Nusstorte mit Schokoladenzaun 84
Knusper-Haselnuss-Schokokugeln 148
Rosinen-Nuss-Kringel 40
Hibiskusblüten, getrocknete
Gefüllte Schoko-Donuts mit
    Hibiskusblütenglasur 123
Himbeeren
Biskuit to go 151
Kleine Mohn-Himbeer-Torte 62
Topfen-Strudelstangen mit Beerendip 130
Himbeerfruchtaufstrich
Gefüllte Pailles 24
Himbeergeist
Topfen-Strudelstangen mit Beerendip 130
Himbeer-Granatapfel-Gelee
Poke Cake mit Himbeer-Granatapfel-
    Füllung 105
Himbeerpulver
Whoopies mit Limette und
    Himbeercreme 179
Holunderblütendolden
Mirror-Glace-Törtchen mit Erdbeeren
    und Holunderblüten 80
Holunderblütensirup
Mirror-Glace-Törtchen mit Erdbeeren
    und Holunderblüten 80
Holunder-Zwetschgen-Gelee
Glasierte Schoko-Bier-Küchlein 32

Honig
Minizupfbrot mit Honig, Apfel und
    Cranberrys 55
Orientalische Ecken 158

Ingwer
Bratapfel-Cupcakes mit zweierlei
    Topping 102
Karottenküchlein mit salzigen
    Gewürzstreuseln 168
Miniquarkkrapfen mit Birnen-Sanddorn-
    Füllung 47
Poke Cake mit Himbeer-Granatapfel-
    Füllung 105
Schwedische Lingon-Schnitten 172

Kaffee-Feigen-Likör
Gewickelte Kaffee-Feigen-Törtchen 94
Kaffee, gewalzter
Brandteigringe mit Karamell-Kaffee-
    Füllung 126
Coffee Cakes mit Schokomousse 78
Gewickelte Kaffee-Feigen-Törtchen 94
Kaffee-Feigen-Likör 97
Kakaobutter
Naked-Cake-Brownie mit
    Chai-Latte-Cremefüllung 74
Kakaopulver
Aprikosen-Nuss-Tartelettes 116
Bratapfel-Cupcakes mit zweierlei
    Topping 102
Churros in pikantem Gewürzzucker
    gewälzt 180
Gefüllte Schoko-Donuts mit
    Hibiskusblütenglasur 123
Glasierte Schoko-Bier-Küchlein 32
Marmorkuchen doppelt marmoriert 186
Naked-Cake-Brownie mit
    Chai-Latte-Cremefüllung 74
Popovers 20
Rote-Bete-Küchlein mit Schokolade und
    Passionsfrucht-Topping 60
Schokoladen-Whoopies mit
    Nugatfüllung 189
Schokomuffins „Bavarian Style" 190
Törtchen à la Concorde 90
Karamellsauce
Bananenküchlein mit Curry 108
Brandteigringe mit Karamell-Kaffee-
    Füllung 126
Kardamom
Rosquillas mit Kardamom 171
Karotte
Karottenküchlein mit salzigen
    Gewürzstreuseln 168
Kartoffel
Kartoffel-Tartes 124

Kirsche
Schokoladen-Whoopies mit
Nugatfüllung 189
Kirschen, getrocknete
Coffee Cakes mit Schokomousse 78
Topfen-Strudelstangen mit Beerendip 130
Kirschfruchtaufstrich
Frankfurter Kränzchen 66
Gefüllte Schoko-Donuts mit
Hibiskusblütenglasur 123
Kirschfruchtpulver
Lakritzbaisers mit Kirschcremefüllung 120
Kirschsaft
Lakritzbaisers mit Kirschcremefüllung 120
Kirschwasser
Schokomuffins „Bavarian Style" 190
Kokosmilch
Popovers 20
Kokosraspel
Blondies mit weißer Schokolade, Kokos
und Karamell-Popcorn 101
Poke Cake mit Himbeer-Granatapfel-
Füllung 105
Kokosspäne
Sauerrahmtörtchen geschichtet mit
Erdbeeren und Kokosspänen 88
Kuvertüre, weiß
Blondies mit weißer Schokolade, Kokos
und Karamell-Popcorn 101
Lakritzbaisers mit Kirschcremefüllung 120
Marmorkuchen doppelt marmoriert 186
Milchreis-Mango-Törtchen 70
Pavlovas mit weißer Schokolade und
gebratenen Bananen 134
Poke Cake mit Himbeer-Granatapfel-
Füllung 105
Pop Tarts am Stiel 182
Rhabarbertarte-Doppeldecker 12
Rote-Bete-Küchlein mit Schokolade und
Passionsfrucht-Topping 60
Kuvertüre, weiße
Mirror-Glace-Törtchen mit Erdbeeren und
Holunderblüten 80

Lakritzpulver
Lakritzbaisers mit Kirschcremefüllung 120
Limoncello
Sauerrahmtörtchen geschichtet mit
Erdbeeren und Kokosspänen 88

Mandelblättchen
Bienenstich mit Honig-Mandel-Kruste 43
Bratapfel-Cupcakes mit zweierlei
Topping 102
Cheesecake mit Avocado,
Rhabarbermantel und Streuseln 115

Cinnamon-Schnecken 44
Gefüllte Schoko-Donuts mit
Hibiskusblütenglasur 123
Schokomuffins „Bavarian Style" 190
Mandelgrieß
Biskuit to go 151
Gewickelte Kaffee-Feigen-Törtchen 94
Mandelkerne
Aprikosen-Nuss-Tartelettes 116
Bananenküchlein mit Curry 108
Cookies mit Mandeln 176
Flammkuchen mit Apfel und süßem
Basilikumpesto 27
Frankfurter Kränzchen 66
Gefüllte Minzröschen 56
Kartoffel-Tartes 124
Kleine Nusstorte mit Schokoladenzaun 84
Marmorkuchen doppelt marmoriert 186
Mohn-Tarte-Schnittchen mit
Erdbeeren 154
Naked-Cake-Brownie mit
Chai-Latte-Cremefüllung 74
Orientalische Ecken 158
Schoko-Karamell-Tartes mit
Preiselbeerfüllung 69
Schwedische Lingon-Schnitten 172
Mango
Biskuit to go 151
Milchreis-Mango-Törtchen 70
Marzipanrohmasse
Aprikosen-Nuss-Tartelettes 116
Bananenküchlein mit Curry 108
Orientalische Ecken 158
Walnuss-Dattel-Schokorolle im Glas 161
Mascarpone
Gewickelte Kaffee-Feigen-Törtchen 94
Milchreis-Mango-Törtchen 70
Naked-Cake-Brownie mit
Chai-Latte-Cremefüllung 74
Poke Cake mit Himbeer-Granatapfel-
Füllung 105
Rhabarbertarte-Doppeldecker 12
Mascarponse
Kleine Mohn-Himbeer-Torte 62
Matcha-Pulver
Falsche Baumkuchen mit
Matcha-Glasur 147
Milchreis
Milchreis-Mango-Törtchen 70
Minze
Gefüllte Minzröschen 56
Pavlovas mit weißer Schokolade und
gebratenen Bananen 134
Topfen-Strudelstangen mit Beerendip 130
Mohn
Kleine Mohn-Himbeer-Torte 62

Mohn-Tarte-Schnittchen mit
Erdbeeren 154
Mumbai-Currypulver
Bananenküchlein mit Curry 108

Nugat
Coffee Cakes mit Schokomousse 78
Schokoladen-Whcopies mit
Nugatfüllung 189
Nuss-Nugat-Creme
Briochescheiben mit Schoko gefüllt 35

Orangenmarmelade
Babas au rhum 98
Briochescheiben mit Schoko gefüllt 35
Naked-Cake-Brownie mit
Chai-Latte-Cremefüllung 74
Pop Tarts am Stiel 182
Orangen-Vanillezucker
Pop Tarts am Stiel 182

Passionsfrucht
Biskuit to go 151
Rote-Bete-Küchlein mit Schokolade und
Passionsfrucht-Topping 60
Pfirsich
Pfirsichküchlein mit Yuzu 16
Pinienkerne
Apfelstrudel in der Dose gebacken 152
Flammkuchen mit Apfel und süßem
Basilikumpesto 27
Pistaziengrieß
Aprikosen-Nuss-Tartelettes 116
Kleine Nusstorte mit Schokoladenzaun 84
Milchreis-Mango-Törtchen 70
Orientalische Ecken 158
Popcorn-Maiskörner
Blondies mit weißer Schokolade, Kokos
und Karamell-Popcorn 101
Preiselbeeren
Schoko-Karamell-Tartes mit
Preiselbeerfüllung 69
Schwedische Lingon-Schnitten 172

Quatre-épices
Apfelstrudel in der Dose gebacken 152
Brandteigringe mit Karamell-Kaffee-
Füllung 129
Quitte
Flammkuchen mit Quitte und Spekulatius
nach Calzone-Art 28

Rhabarber
Cheesecake mit Avocado,
Rhabarbermantel und Streuseln 115
Haferkeks-Crumbles mit Rhabarber und
Blaubeeren 19

204

Rhabarbertarte-Doppeldecker 12

Ricotta
Poke Cake mit Himbeer-Granatapfel-
Füllung 105

Rosinen
Apfelstrudel in der Dose gebacken 152
Rosinen-Nuss-Kringel 40

Rosmarin
Blätterteigravioli mit Ziegenkäse 36

Rote Bete
Rote-Bete-Küchlein mit Schokolade und
Passionsfrucht-Topping 60

Rubinette-Apfelsaft
Schwedische Lingon-Schnitten 172

Rum
Babas au rhum 98
Marmorkuchen doppelt marmoriert 186
Pavlovas mit weißer Schokolade und
gebratenen Bananen 134
Rosinen-Nuss-Kringel 40
Walnuss-Dattel-Schokorolle im Glas 161

Sanddornsauce
Miniquarkkrapfen mit Birnen-Sanddorn-
Füllung 47

Schichtkäse
Kleine Nusstorte mit Schokoladenzaun 84
Topfen-Strudelstangen mit Beerendip 130

Schmand
Flammkuchen mit Apfel und süßem
Basilikumpesto 27
Glasierte Schoko-Bier-Küchlein 32
Whoopies mit Limette und
Himbeercreme 179

Schokoladenlikör
Schokoladen-Whoopies mit
Nugatfüllung 189

Schokoladen-Toffeebonbons
Erdnuss-Cookies 164

Shortbreads
No-bake New York Cheesecakes 15

Soft-Aprikosen
Aprikosen-Nuss-Tartelettes 116
Kartoffel-Tartes 124

Soft-Feigen, getrocknete
Birnen-Feigen-Aufstrich 97

Toffifee
Gestapelter Butterkuchen mit
Toffifeestreuseln 48

Vanillemark
Amerikaner „sunny side up" 112
Flammkuchen mit Apfel und süßem
Basilikumpesto 27
Frankfurter Kränzchen 66

Karottenküchlein mit salzigen
Gewürzstreuseln 168
Mohn-Tarte-Schnittchen mit
Erdbeeren 154
Orientalische Ecken 158
Schokomuffins „Bavarian Style" 190

Vanillepuddingpulver
Bienenstich mit Honig-Mandel-Kruste 43
Cookies mit Mandeln 176
Kleine Mohn-Himbeer-Torte 62
Orangen-Baiser-Törtchen aus
dem Glas 133
Pfirsichküchlein mit Yuzu 16

Vanillestange
Aprikosendatschi mit Vanillegrießcreme
in Filoteig 144
Babas au rhum 98
Bananenküchlein mit Curry 108
Birnen-Feigen-Aufstrich 97
Flammkuchen mit Apfel und süßem
Basilikumpesto 27
Kaffee-Feigen-Likör 97
Popovers 20
Zitronenküchlein gefüllt mit
Vanille-Zitronen-Creme 137

Vollkornbutterkekse
Orangen-Baiser-Törtchen aus
dem Glas 133

Vollmilchkuvertüre
Cake Pops auf zweierlei Art 140
Knusper-Haselnuss-Schokokugeln 148
Schoko-Karamell-Tartes mit
Preiselbeerfüllung 69
Schokoladen-Whoopies mit
Nugatfüllung 189
Törtchen à la Concorde 90

Walnusskerne
Blätterteigravioli mit Ziegenkäse 36
Minizupfbrot mit Honig, Apfel und
Cranberrys 55
Naked-Cake-Brownie mit
Chai-Latte-Cremefüllung 74
Orientalische Ecken 158
Walnuss-Dattel-Schokorolle im Glas 161

Yogi-Tee Classic
Monkey Bread mit Schokoladenfüllung 52

Yufka-Teigblätter
Aprikosendatschi mit Vanillegrießcreme in
Filoteig 144
Topfen-Strudelstangen mit Beerendip 130

Yuzu
Pfirsichküchlein mit Yuzu 16

Zartbitterkuvertüre
Bananenküchlein mit Curry 108
Cake Pops auf zweierlei Art 140
Coffee Cakes mit Schokomousse 78
Gewickelte Kaffee-Feigen-Törtchen 94
Glasierte Schoko-Bier-Küchlein 32
Kleine Nusstorte mit Schokoladenzaun 84
Knusper-Haselnuss-Schokokugeln 148
Marmorkuchen doppelt marmoriert 186
Monkey Bread mit Schokoladenfüllung 52
Naked-Cake-Brownie mit
Chai-Latte-Cremefüllung 74
Pop Tarts am Stiel 182
Rote-Bete-Küchlein mit Schokolade und
Passionsfrucht-Topping 60
Schoko-Karamell-Tartes mit
Preiselbeerfüllung 69
Schokomuffins „Bavarian Style" 190
Törtchen à la Concorde 90
Walnuss-Dattel-Schokorolle im Glas 161

Ziegenfrischkäse
Blätterteigravioli mit Ziegenkäse 36

REZEPT-
Register

Amerikaner „sunny side up" 112
Apfelkuchen-Konfekt 167
Apfelstrudel in der Dose gebacken 152
Aprikosendatschi mit Vanillegrießcreme
  in Filoteig 144
Aprikosen-Nuss-Tartelettes 116

Babas au rhum 98
Bananenküchlein mit Curry 108
Baumkuchen, falsche, mit
  Matcha-Glasur 147
Bienenstich mit Honig-Mandel-Kruste 43
Birnen-Feigen-Aufstrich 97
Biskuit to go 151
Blätterteigravioli mit Ziegenkäse 36
Blitz-Brioches 2.0 51
Blondies mit weißer Schokolade, Kokos
  und Karamell-Popcorn 101
Brandteigringe mit Karamell-Kaffee-
  Füllung 126
Bratapfel-Cupcakes mit zweierlei
  Topping 102
Briochescheiben mit Schoko gefüllt 35

Cake Pops auf zweierlei Art 140
Cheesecake mit Avocado,
  Rhabarbermantel und Streuseln 115
Churros in pikantem Gewürzzucker
  gewälzt 180
Cinnamon-Schnecken 44
Coffee Cakes mit Schokomousse 78
Cookies mit Mandeln 176

Erdnuss-Cookies 164

Falsche Baumkuchen mit
  Matcha-Glasur 147
Flammkuchen mit Apfel und süßem
  Basilikumpesto 27
Flammkuchen mit Quitte und Spekulatius
  nach Calzone-Art 28
Frankfurter Kränzchen 66

Gefüllte Minzröschen 56

Gefüllte Pailles 24
Gefüllte Schoko-Donuts mit
  Hibiskusblütenglasur 123
Gestapelter Butterkuchen mit
  Toffifeestreuseln 48
Gewickelte Kaffee-Feigen-Törtchen 94
Glasierte Schoko-Bier-Küchlein 32

Haferkeks-Crumbles mit Rhabarber und
  Blaubeeren 19

Kaffee-Feigen-Likör 97
Karamellsauce 111
Karottenküchlein mit salzigen
  Gewürzstreuseln 168
Kartoffel-Tartes 124
Kekskugeln 143
Kleine Mohn-Himbeer-Torte 62
Kleine Nusstorte mit Schokoladenzaun 84
Knusper-Haselnuss-Schokokugeln 148

Lakritzbaisers mit Kirschcremefüllung 120

Marmorkuchen doppelt marmoriert 186
Milchreis-Mango-Törtchen 70
Miniquarkkrapfen mit Birnen-Sanddorn-
  Füllung 47
Minizupfbrot mit Honig, Apfel und
  Cranberrys 55
Mirror-Glace-Törtchen mit Erdbeeren und
  Holunderblüten 80
Mohn-Himbeer-Torte, kleine 62
Mohn-Tarte-Schnittchen mit
  Erdbeeren 154
Monkey Bread mit Schokoladenfüllung 52

Naked-Cake-Brownie mit
  Chai-Latte-Cremefüllung 74
No-bake New York Cheesecakes 15

Orangen-Baiser-Törtchen aus
  dem Glas 133
Orientalische Ecken 158

Pavlovas mit weißer Schokolade und
  gebratenen Bananen 134
Pfirsichküchlein mit Yuzu 16
Poke Cake mit Himbeer-Granatapfel-
  Füllung 105
Popovers 20
Pop Tarts am Stiel 182

Rhabarbertarte-Doppeldecker 12
Rosinen-Nuss-Kringel 40
Rosquillas mit Kardamom 171
Rote-Bete-Küchlein mit Schokolade und
  Passionsfrucht-Topping 60

Sauerrahmtörtchen geschichtet mit
  Erdbeeren und Kokosspänen 88
Schoko-Karamell-Tartes mit
  Preiselbeerfüllung 69
Schokoladen-Whoopies mit
  Nugatfüllung 189
Schokomuffins „Bavarian Style" 190
Schwedische Lingon-Schnitten 172

Topfen-Strudelstangen mit Beerendip 130
Törtchen à la Concorde 90

Walnuss-Dattel-Schokorolle im Glas 161
Whoopies mit Limette und
  Himbeercreme 179

Zitronenküchlein gefüllt mit
  Vanille-Zitronen-Creme 137

BEZUGSQUELLEN
Equipment und Zutaten

Das hier genannte Equipment, die Zutaten und die Bezugsquellen sind nur Empfehlungen. Sie dienen lediglich als Hilfe. Selbstverständlich gibt es auch Alternativen.

EQUIPMENT

12er-Minitörtchen-Backblech mit einzeln abnehmbaren Ringen (Ø 8,5 cm, 7,5 cm Höhe): Zenker Backformen GmbH & Co. KG (www.zenker-backformen.de), zu beziehen zum Beispiel über Karstadt (www.karstadt.de)

Cake-Pop-Backform aus Silikon mit 20 (halb-)kugelförmigen Mulden (à Ø 3,5 cm): zu beziehen zum Beispiel über Lurch (www.lurch.de)

Cake-Pop-Stiele zum Backen zu beziehen zum Beispiel über Backfreunde GmbH (www.backfreunde.de)

Doppelkammerspritzbeutel zu beziehen zum Beispiel über Backfreunde GmbH (www.backfreunde.de)

Jenaer Glas Eierkoch No. 2 zu beziehen über Jenaer Glasshop (www.jenaerglas-shop.de)

Miniapfelausstecher (Ø ca. 1,5 cm): zu beziehen zum Beispiel über Backfreunde GmbH (www.backfreunde.de)

Minibatzen-Silikonformen (à ca. 6 × 9 cm), zu beziehen zum Beispiel über Lurch (www.lurch.de)

Palmblatt-Dipschalen (Ø 12 cm): Naturesse®-Produkte zu beziehen zum Beispiel über Naturessen (www.naturesse.de)

Popover-Backform mit 6 Mulden: zu beziehen zum Beispiel über Backfreunde GmbH (www.backfreunde.de)

quadratische Backform (15 × 15 cm, Höhe 10 cm): zum Beispiel von Decora (www.decora.it/de), zu beziehen zum Beispiel über MeinCupcake.de (www.meincupcake.de), Tortenzauber.de (www.tortenzauber.de)

Silikon-Donutform mit 6 Mulden (à Ø ca. 7,5 cm): zu beziehen zum Beispiel über MeinCupcake.de (www.meincupcake.de)

Silikonbackform mit 15 würfelförmigen Mulden (à ca. 3,5 × 3,5 cm): zu beziehen zum Beispiel über MeinCupcake.de (www.meincupcake.de)

Silikonform mit quadratischen Mulden (à ca. 5,5 × 5,5 cm): zu beziehen zum Beispiel über BOS FOOD GmbH (www.bosfood.de)

BESONDERE ZUTATEN

Blond-Dulcey-Kuvertüre zu beziehen zum Beispiel über BOS FOOD GmbH (www.bosfood.de)

Cake Melts zu beziehen zum Beispiel über Backfreunde GmbH (www.backfreunde.de)

getrocknete Yuzuschale grob zu beziehen zum Beispiel über BOS FOOD GmbH (www.bosfood.de)

getrocknete, gemahlene Hibiskusblüten zu beziehen zum Beispiel über BOS FOOD GmbH (www.bosfood.de)

gewalztes Kaffeepulver zu beziehen über Antoniewicz GmbH (www.antoniewicz.org)
Tipp: Wegen des besonderen Geschmacks verfeinere ich Gebäck gern mit gewalztem Kaffee. Bei dieser Methode

werden Arabica-Bohnen ohne Zufuhr von Hitze in einer Trichterwalze zu sehr feinem Pulver vermahlen.

Kirschfruchtpulver zu beziehen zum Beispiel über BOS FOOD GmbH (www.bosfood.de)

Lakritzpulver zu beziehen zum Beispiel über BOS FOOD GmbH (www.bosfood.de)

Lebensmittel-Gelfarbe zum Beispiel von Wilton (www.wilton.com), zu beziehen zum Beispiel über MeinCupcake.de (www.meincupcake.de), Miss Sweet (www.miss-sweet.de)

Mumbai-Currypulver zu beziehen zum Beispiel über Altes Gewürzamt GmbH, Ingo Holland (www.altesgewuerzamt.de)

Quatre-épices zu beziehen zum Beispiel über Altes Gewürzamt GmbH, Ingo Holland (www.altesgewuerzamt.de)

Rubinette-Apfelsaft zu beziehen zum Beispiel von der Obstkelterei van Nahmen GmbH & Co. KG (www.vannahmen.de)

Valrhona Poudre de Cacao zu beziehen zum Beispiel über BOS FOOD GmbH (www.bosfood.de)

Wiener-Griessler-Mehl zu beziehen über Rosenmühle (Rosenmehl), Aurora Mühlen GmbH (www.rosenmehl.de)

IMPRESSUM

Originalausgabe
Becker Joest Volk Verlag GmbH & Co. KG
Bahnhofsallee 5, 40721 Hilden, Deutschland
© 2018 – alle Rechte vorbehalten
1. Auflage September 2018

ISBN 978-3-95453-149-3

Rezepte: Véronique Witzigmann
Fotos: Volker Debus
Projektleitung: Johanna Hänichen
Buchgestaltung und Satz: Dipl.-Des. Anne Krause
Covergestaltung: Dipl.-Des. Justyna Schwertner
Bildbearbeitung: Ellen Schlüter und Makro Chroma
Joest & Volk OHG, Werbeagentur
Koordination Fachlektorat: Philine Anastasopoulos
Fachlektorat: Şebnem Yavuz
Lektorat: Doreen Köstler
Druck: Firmengruppe Appl, aprinta druck GmbH

Ausführliche Infos
Seite 202

**BECKER
JOEST
VOLK
VERLAG**

www.bjvv.de